RESEARCH AND DEVELOPMENT
研发与创新
INNOVATION

张利华 ◎ 著

机械工业出版社
China Machine Press

图书在版编目（CIP）数据

研发与创新 / 张利华著 . -- 北京：机械工业出版社，2021.3（2023.1 重印）
ISBN 978-7-111-67614-0

I. ①研… Ⅱ. ①张… Ⅲ. ①企业创新 – 研究 Ⅳ. ① F273.1

中国版本图书馆 CIP 数据核字（2021）第 035148 号

  目前企业中存在一些对研发与创新的认知误区，对于研发与创新的管理存在一定的盲目性。例如，有的企业认为研发与创新就是大手笔投入，所以不惜以巨额年薪聘请技术大腕；有的企业苦苦寻觅张小龙似的产品经理，将企业研发与创新的成败系于一人；还有的企业把研发与创新寄希望于走捷径，以为靠大规模并购就能带来研发与创新的快速成功。本书从"道"的高度剖析了研发与创新的管理，通过回顾研发与创新的百年历史，系统深入地探讨了科学巨匠背后的组织的重要性，并分析了什么是培养研发与创新大师的沃土，什么令百年企业基业长青。

研发与创新

出版发行：机械工业出版社（北京市西城区百万庄大街 22 号 邮政编码：100037）			
责任编辑：岳晓月		责任校对：殷 虹	
印 刷：北京建宏印刷有限公司		版 次：2023 年 1 月第 1 版第 3 次印刷	
开 本：170mm×230mm 1/16		印 张：14.5	
书 号：ISBN 978-7-111-67614-0		定 价：69.00 元	

客服电话：（010）88361066 68326294

版权所有·侵权必究
封底无防伪标均为盗版

RESEARCH
—— AND
INNOVATION

前 言

向失败致敬　向科学规律致敬

每一次重大的研发与创新，都曾步履维艰。瓦特持续 40 年对蒸汽机技术进行改进，这几乎相当于一个人的整个职业生涯！此外，瓦特背后还有支持他超过几十年的企业家！然而，历史记载就寥寥几个字——瓦特发明了蒸汽机，那些曾支持过瓦特的人和组织都模糊为时代背景。

我作为研发和创新专家与管理咨询顾问，自 2007 年进入这个行业，已走过了十多年，如果加上曾在华为主导研发与创新研究及管理的岁月，已经在该领域耕耘了 24 年。

其实对于我本人而言，接触研发不止 24 年。在西南的一个山沟防空洞里，隐藏着一个科学研究机构，在那个年代被称为"三线单位"，我就出生在那里。为避免战争的影响，大西南的崇山峻岭里隐藏着不少这样的科学研究机构，通常以一个数字编号为称谓，对外通信联络都是通过编号信箱进行。

与许多从事军事科学研究的三线单位不同，这个代号"585"的研究机构致力于解决人类能源问题，想要攻克一个世界性的技术难题，即如何开发出污染很小的清洁能源。1965年左右，数千名从中国各地著名高校毕业的理工科大学生云集四川乐山的穷乡僻壤，只为将一个物理公式扩展为造福人类的科技成果。根据爱因斯坦著名的质能方程 $E = mc^2$ 可知，原子核中蕴藏着巨大的能量，原子核的变化往往伴随着能量的释放。受控核聚变能使核聚变成为未来的民用能源。这个神秘的山区，最多时曾云集近万名各类人才进行研发工作。

50多年过去了，受控核聚变技术仍被列为下个10年需要攻克的全球10个重大技术之一，仍是世界最前沿的技术。50多年的光阴，让第一批来到这个山区的青年学者、建设者，成了七八十岁的白发老人，有些人甚至已经离世，不过还有些教授仍坚持每天两点一线做科研的工作节奏。受控核聚变技术仍待攻克，这个宏伟的研发事业尚未成功。

该研究机构起初数年不是研究技术，而是不得不从头开始对这片屹立在大渡河旁的山区进行规划建设，挖山修路，盖实验大楼，建配套设施。那时，无论什么学历、专业的人，甚至是海归的高科技人才，都一样生气勃勃地建设着这片土地。一穷二白，那就一切从头开始。

后来，我在深圳遇到一位在美国IBM公司工作过的回国博士，他提到小时候无意中误入那里，犹如进了桃花源。散布在山林间、稻田旁因山就势而修建的柏油马路是当地最宽的道路，两层楼的图书馆位于园区中央，至于露天电影，可以坐在山坡上观看。通往市区的唯一出口是蜿蜒在峻岭中的泥泞窄路，山下是每到夏天就会被大渡河洪水淹没的农田。对外封闭的山区，深处却大有乾坤，这里进行着与全球技术同步的科学研究。

从小耳濡目染，养成了我终身读书的习惯。不得不到大渡河钓鱼给家中三个孩子补充营养的研究人员，一手拿鱼竿一手捧着物理书；在门前生火做饭的研究人员，做饭的同时还读着英语资料。在那个年代，"学英语是有危险的"，即使如此，他们也没有放下。不为环境所迫，保持随时学习、对外交流的习惯，是一位研究人员的自我修养。失败、挫折不仅是家常便饭，更是人生相依相伴的风景。

改革开放后，由于研究的是民用方向，"585"研究所成为最早接待外国专家的研究所。所里修了一个外国专家楼"梅花园"，馨香的环境很容易让人联想到"梅花香自苦寒来"。20世纪80年代初，诺贝尔物理学奖获得者李政道曾受邀来此讲学。"585"研究所也是最早派研究人员到美国学习的单位，他们带回了计算机。

终于可以正大光明地做实验时，科研人员却发现因实验涉及的技术面太广而技术储备严重不足，准备第一次实验竟然用了13年的时间！做一次实验需要超过10年的时间，而一次实验注定无法获得最后的成功，只是取得中间数据，为下一个10年的实验做准备。我做研发与创新管理咨询顾问后，常常跟年轻的大学毕业生谈起这段经历。那时，研究人员看不到希望，每天面对的就是失败，但是他们持之以恒地努力着，泡图书馆，对外交流，否定权威，每一天都在读书学习。对于科学研究，他们不仅充满热情，更当作自身使命！这些都是科学研究机构和研发中心必须具备的。

改革开放后，国家发展民营经济，研究所理论上是拥有技术最多的地方，例如，研究所很早就拥有了用于制造冰箱的真空制冷技术。在海尔公司还不具备制冷技术而不得不从德国引进前，"585"研究所已经制造出自主研发的冰箱，可自产牛奶冰棍。后来，研究所的冰箱厂因销路不畅、连续亏损而关闭，但是海尔公司却制造出大批量为消费者所喜爱的款式多样、物美价廉、品质可靠的冰箱，风靡整个中国。海尔公司与自主研发冰箱技术的"585"研究所相比，其研发与创新管理体系更加商业化。"从0到1"和"从1到n"同样重要。就像本书记述的，发明青霉素固然重要，但是把青霉素从15万美元一小瓶降到1美元一瓶，也是意义不亚于前者的重大技术创新。

组织持续成长、人才引进以及对外交流，始终是一家科学研究机构最重要的命题。20世纪80年代末，告别番号"585"的核工业西南物理研究院的主体搬到了成都玉林路。四川大学、电子科技大学等成都几十所大学的研究机构为其提供了源源不断的人才，推动了技术的持续研发。

改革开放后，核工业西南物理研究院做出一个重大的决定，即整体从德国引进可控核聚变中间设备。之后，学习德语，消化德语资料，规划从德国搬运这些精密设备，再在成都实验室重新组装，又是好几年。购买德国设备一事曾引发巨大争议。一种看法认为，引入德国设备需耗费过亿元的经费，如果把这部分资金投入到搞自主研发的人员和实验室，可能也会成功；另一种看法则认为，受控核聚变技术涉及从理论物理到工程实验的多个层面，不仅涵盖物理、化学、数学等基础科学，还包括电子、机械、信息、材料等工程技术领域，特别是精密制造。因此，引进德国新技术后消化吸收，然后在此基础上重新自主研发，不仅会给研发人员带来更广阔的视野，还会给研发工作打下更扎实的基础。最终，在对外引进基础上再研发的方案占了主导地位。事实证明，这些领先的技术的确为中国企业提供了诸多借鉴。研发不能闭门造车，对外合作与技术引进必不可少。本书中提到的SpaceX就大量采用汽车行业的成熟技术和成熟设备，以降低火箭的制造和研发成本，这种引进再创新的开放思路是弯道超车之举。

那如桃花源般坐落在崇山峻岭之中的实验基地，因其科研实力雄厚，经国家教委考察批准，在2000年左右成为成都理工大学乐山分校，如今每年有上万名学生在此就读。成都理工大学乐山分校围绕核工业、核能发电布局相关专业，每一届毕业生都供不应求，大多直接分配到全国各大核电站及研究机构。图书馆往往是一所大学的标志性建筑，对于企事业单位的研究机构来说，图书馆也是不可或缺的。图书馆、分享交流、知识产权对所有研究机构来说都是格外重视的，这一点从本书介绍的百年拜耳的研发与专利实验室就能深刻感受到。

50多年，数千人，如今仍在路上，受控核聚变发电技术离成功商用还需要10年甚至更长时间。研发与创新从来都不是容易的，例如，辉瑞每次创新都顶着巨大的失败压力；"没有失败这个词"是3M研发与创新中心百年不变的宗旨；谷歌X实验室宣称只做前无古人的事业，这也注定了它90%以上的项目会失败。

回顾百年，研发与创新离不开对失败的正确态度。最终的成功固然重要，但是过程中的中间经验、失败的教训也是其重要的组成部分。

在"始终在努力攻克世界最前沿技术"的中国科研机构以及华为公司的亲历，让我一直有意识将它们与国外百年长青企业、国外领先科研企业进行"对照与比较"，搜集它们的"经验与教训"，这些助推我成为一名研发与创新管理咨询顾问。我不断地发现："研发与创新管理这门科学真的存在于历史中，跨越行业和超越历史，是点燃企业持续创新发展的绚丽烟火的导火线。"这令我深深地热爱研发与创新管理这门科学。研发与创新，不是天才靠灵感随机地误打误撞，也不是投了钱就一定能够成功。既然谈到科学的方法，那必须是经历百年、跨越不同行业的经验总结，所以本书也是向多个百年科技企业致敬，如拜耳、3M、通用电气、辉瑞、IBM等，向人类历史上的科学巨匠致敬，如牛顿、瓦特、爱迪生、贝尔等。本书深入探讨了科学巨匠背后组织的重要性，以及"什么是培育研发与创新大师的沃土"和"什么令百年企业永葆青春"。在编写本书时，我深深感受到，百年企业的创富之源是研发与创新。

本书主要涵盖两个方面：一是对流行的研发与创新误区进行分析；二是对研发与创新管理体系的知识点进行普及，如开拓性创新、内生性增长、能力体系建设、研发与创新的组织形式、产品管理、流程创新、模块化研发与创新、技术评审、产品规划、品质可靠性、客户洞察、决策评审、低成本创新、风险管控、管理咨询的作用、创新生态等，它们体现了研发和创新理论与时俱进地与实践相结合，并在国际科技企业、全球公认的行业科技领军企业中得到了很好的验证。不得不提的是，微软、英特尔、特斯拉等这些全球公认的科技领军企业，虽然在研发与创新管理体系上处于世界前沿，但它们也曾经历九死一生、被釜底抽薪的至暗时刻，所以，其他企业就更要如履薄冰、谦虚地学习了。

本书虽然没有说出研发与创新管理的全部奥秘，但至少为系统地认识这个领域开启了一扇窗。很多国内朋友因为读了《华为研发》这本书而知道我。在美国的朋友知道我，是因为2016年春天我到硅谷、波士顿、西雅图等9个地区，哈佛大学、马萨诸塞州立大学等10所著名大学，以及微软、谷歌等互联网企业进行演讲，分享研发与创新的经验。过去14年，我专注于研发与创新方面的管理咨询，培训与辅导过上百家中国企业，致力于帮助中小企业快速成长为全球领先的科技企业。十多年管理咨询顾问的经验让我更加确认研发与创新管理对于企业的重要性，也让我更加明白一个道理——做企业就像爬山，在科学的管理方法指导下，走对了路，企业就会快速发展。正是因为研发与创新管理具有科学性，所以可以在不同行业的不同企业进行复制。跨越百年的卓越企业，正是因为遵循了研发与创新管理的科学规律，才取得了持久的发展。在我担任咨询顾问的近百家企业中，有许多企业在建立起研发与创新管理体系后，一年内涌现的发明专利数量就超过了之前创业数年的总和。其中一家企业在招标中，首次打败了垄断该行业80多年的国外著名企业，实现了历史性突破。

我指导过的中小企业已有很多上市案例，它们逐步成为上市公司里的绩优企业，进入了发展的快车道。这些企业得到进一步指导后，市值更是大幅提升。我咨询过的行业有自动化设备、大数据、基因测序、物联网、汽车、芯片、家电、互联网、软件、消费品、医疗设备……我所指导的企业，都曾面临艰难时刻，即如何突破自己过去的成功模式，直面更为激烈的市场竞争，快速建立起研发与创新能力，甚至有很多企业处于前无成功案例可寻，后有众多竞争对手苦苦相追的境地。当然，创新不易，有数据显示，创新的平均失败率高达90%。2013年，芯片设计企业兆易创新，在最艰难的时刻邀请我去指导它的研发与创新管理。在培训课上，朱一明董事长带着硅谷回来的高管，坐在第一排认真听讲。让人惊喜的是，当时只有一个刚入职一个月的研发人员的MCU项目，经指导后，研发效率大为提升，2014年GD32系列MCU荣获"最佳本土芯片"奖。如今它已用于华为多个产品，兆易创新也成为华为的主要供应商。这说明研发与创新管理体系对于技术创新至关重要，而且这已成为国际领先科技企业的共识。在我的帮助下建立研发与创新管理体系的企业，都多层次、多维度地提升了研发与创新能力。例如，有的企业在中美贸易争端激化之际，在外部环境非常困难的情况下，斩获直供美国本土特斯拉的订单。更有企业在接受我咨询半年后，在新冠肺炎疫情和中美贸易争端双重夹击下，取得了业绩翻番的好成绩。几乎经过我咨询的每一家企业，在获得指导后都取得了跨越式发展，这进一步增强了我探寻研发与创新科学规律的信心。

2019年，企业界一半的独角兽死掉了，这也是推动我写《研发与创新》一书的原因。研发与创新管理体系是非常重要且必要的，否则成功就只能源自偶然，经不起任何风吹草动。回顾百年商业史，当一家企业的领导人觉得已经登上前无古人后无来者的顶峰时，往往就意味着这家企业开始丧失创新领先者地位，在业绩增长上也开始止步不前。

我曾是华为手机公司筹划组五大负责人之一，在华为的"冬天"，推动了手机业务在华为的立项。我从普通工程师到研发产品经理，再到跨产品的产品线经理、面向客户需求的解决方案部负责人，以及华为历史上挑战和影响最大的手机事业的推动者之一，这些曾在华为扎扎实实、一步一步踏出来的研发与创新的工作经历，为我全方位深入理解和实践研发与创新管理打下了坚实的基础。2002年，我因多次推动新机会点、新产品规划等获得华为公司的创新规划金奖。此外，我还亲自参与和推动了华为在研发与创新体系建设中的一些关键进程（详见《华为研发》（第3版）[⊖]）。虽然离开华为已十多年，但如今我仍多次给华为消费者业务部提出产品创新建议，每每都得到了他们的重视。

一些中国企业在研发与创新认知上普遍存在误区，具有很大的盲目性。例如，认为研发与创新就是砸钱、砸人，所以，有的企业老板不惜以千万元年薪聘请技术大腕；有的企业打着灯笼到处寻找张小龙似的产

⊖ 本书已由机械工业出版社出版。

品经理,将企业研发与创新的成败系于一人;有的企业在研发与创新上寄希望于走捷径,大手笔进行并购,以为并购能带来研发与创新的快速成功;有的创业企业采取的是"企业界义和团"模式,以为通过"砸碎"西门子电气、"脚蹬"苹果产品等否定前人的形式,就能做好创新;有的企业天天在寻找商业模式、生态、互联网创新思维,创造各种新概念和新名词,以为这些是创新的全部;有的企业热衷于投资厂房、仪器和设备,认为这些就是研发投入;有的企业热衷于产品延伸,什么都做,如彩电、手机、空调、电饭锅……以为这就是创新;有的企业则陷入"按客户要求做出来了,却没人要"的痛苦。

研发与创新看似简单,却又如此深奥。有的企业认为照着《华为研发》一书,把任正非的讲话抄一抄,第二天就可以成为行业内的华为。研发与创新管理虽然已有百年历史,但是至今没有一家企业敢称自己已掌握了全部。在研发与创新领域,失败是常事,"黑天鹅"与"灰犀牛"有时会同时出现,就像华为,2019~2020年遭美国断供,2020年又不得不面对席卷全球的疫情的打击,其他企业也一样。

回首过去百年历史,我们看到,是提高研发与创新效率的流程,以及将创造与秩序相融合的研发与创新组织,推动了发明专利源源不断地涌现。无论是对于企业还是对于研究机构,流程创新都是其不可复制的核心竞争力。研发与创新需要深度与广度,浅尝辄止者不会成功。构建创新力的过程也是建立合作网络的过程,开源这种开放式的协作模式可以让"蚂蚁"与"大象"携手创新。百年的历史证明,管理咨询顾问是企业不可或缺的"啄木鸟"。本书包含40多个研发与创新研究话题,纵贯百年历史,案例涉及国际领先科技企业、百年长青企业。这些来自几十个行业的几十家科技企业的案例,相信会给你带来一场深度思考。

研发与创新管理，是一门帮助企业减少失败的重要科学。你是穷其一生在失败中打转，还是基于人类百年历史积累下来的研发与创新管理科学而登高望远呢？

张利华

邮箱：zhanglihua96@163.com

微信公众号：研发与创新圈（cooboys）

微博：张利华－研发与创新作者

LinkedIn: lihua zhang

RESEARCH
——
AND
INNOVATION

目　录

前言　向失败致敬　向科学规律致敬

1 — 第一章　科学巨匠背后的组织

1　　导　言
2　　一、砸在牛顿头上的苹果长在剑桥大学的树上
5　　二、瓦特与企业家博尔顿风雨同舟数十载
7　　三、知识产权保护是英国推动创新的关键
10　　四、贝尔移民美国成为发明家与企业家
13　　五、爱迪生创立美国第一家工业实验室
18　　六、创新路上九死一生的辉瑞
20　　七、美国在激发创新上所采取的举措
21　　八、发明专利推动中国民企快速发展
25　　九、知识产权为中国企业的研发创新保驾护航

29	■	**第二章 研发与创新组织：百年企业的创富之源**
29		导　言
30		一、让发明不再是偶然事件：拜耳的研发与专利中心
32		二、"没有失败这个词"：3M公司的研发与创新中心
36		三、在金融危机中逆势而上：IBM实验室
40		四、安卓：从最失败到最成功的研发项目
42		五、日本：百年以上企业超过3.5万家
46	■	**第三章 最重要的发明：提高研发与创新效率和含金量的流程**
46		导　言
47		一、中国研发创新管理能力与美国的差距远远大于芯片的差距
50		二、IPD可以统一企业各部门参与开发的流程
54		三、企业增长很少能靠大并购一步实现
57		四、开拓性创新才能带来颠覆行业的蓝海
63	■	**第四章 创造与秩序相融合的研发与创新组织**
63		导　言
64		一、研发与创新驱动的内生性增长是发展之本
66		二、持续创新从来都不是个别天才的天马行空
71		三、极客产品经理的成功往往是不可持续的
75		四、对标最高标准打造能力体系
81	■	**第五章 研发与创新管理体系的重要性远胜于人才及商业模式**
81		导　言

82		一、"向死而生"而非"死抱风口"
86		二、从职能管理到项目管理再到产品管理
91		三、通过研发与创新管理的变革实现新技术与新业务的突围
95		四、管理咨询顾问是企业不可或缺的啄木鸟

104	—	第六章 华强北的手机作坊孕育不出苹果和华为
104		导 言
105		一、只注重短期业绩的行为最终只能造出泡沫
107		二、流程创新是不可复制的核心竞争力
111		三、为什么注定只是昙花一现
115		四、模块化研发与外包可以加快产品创新并保持品质稳定

123	—	第七章 没有浅尝辄止的成功：研发与创新需要深度
123		导 言
124		一、3000元的吹风机抢着买，20元的吹风机无人买
128		二、技术规划与技术开发是研发与创新的利器
132		三、产品规划离不开产品平台规划
138		四、坚持有品质保障的创新是企业命运的分水岭
142		五、面向可靠性、可制造性、可服务性、可销售性的中试
145		六、软件研发过程测试的自动化和工具化

149	—	第八章 对客户深入洞察而不只是以客户为导向
149		导 言
150		一、用客户的眼睛洞察世界

155		二、需求分析要全面且可量化
158		三、战略失效与执行失效往往交织在一起
160		四、风险监控在创新过程中必不可少

166	—	第九章　没有低成本，研发与创新成空谈
166		导　言
167		一、颠覆性创新不是"可遇不可求"的
172		二、将研发与创新流程"科学化"，才能降低创新的边界成本
175		三、独角兽一夜间"盛极而衰"
179		四、研发与创新如何避免"黑天鹅"与"灰犀牛"事件

189	—	第十章　走出"伪生态创新"的陷阱
189		导　言
190		一、爆款是伪命题
193		二、构建创新力的过程就是建立合作网络的过程
199		三、用户推荐值倒逼企业技术革新
203		四、开源模式可以让"蚂蚁"与"大象"携手创新

215	—	致谢

RESEARCH
— AND —
INNOVATION

第一章

科学巨匠背后的组织

导　言

　　牛顿、瓦特、贝尔、爱迪生都是科学史上举足轻重的人物，他们的出现绝非偶然，除了个人的天赋和努力外，其成长的组织和"土壤"也起了重要作用。例如，有坚持其治理架构数百年不变的剑桥大学，有推动跨行业知识交流的"月光社"㊀，还有长达数十年支持瓦特创新的企业家。此外，国家层面的法律保护也是推动创新的必要条件。例如，英国率先推出知识产权保护法，美国把知识产权保护写入宪法。科学的研发管理体系更是助力研发产出的要素，例如，爱迪生就曾创建研发实验室和研发管理体系。

㊀　1756年左右成立于英国伯明翰，因为一些工业家和科学家总是在月圆之夜聚集一堂谈论最新的工业科学成果，于是被称为"月光社"。月光社孕育出六位改变世界的核心成员：博尔顿（蒸汽机的天使投资人）、达尔文（提出进化论）、瓦特（蒸汽机的发明者）、韦奇伍德（工业革命领袖、英国陶瓷之父、高温计发明人）、普里斯特利（化学家）、本杰明·富兰克林（美国开国元勋之一）。

一、砸在牛顿头上的苹果长在剑桥大学的树上

谁是科学史上最有影响力的人物？牛顿当之无愧。1687年，牛顿发表《自然哲学的数学原理》，书中阐述了万有引力定律和三大运动定律，为天文学、力学、机械工程学奠定了基础。自此，拉开了现代工业的序幕。

牛顿通过从树上掉下的苹果，发现了万有引力定律，并由此推导出了动量守恒定律、能量守恒定律、质量守恒定律，它们被广泛应用于今天的航空航天领域，如计算宇宙飞船从地球到火星的时间等。

牛顿通过用三棱镜分解太阳光的实验，发现了白光由红、橙、黄、绿、蓝、靛、紫七种色光组成。1668年，牛顿发明了反射式望远镜，今天大多数天文观测使用的仍是这种望远镜。

微积分是现代数学最重要的基础，牛顿对微积分的发展也有贡献。无限细分就是微分，无限求和就是积分，无限就是极限。微积分是计算机、统计、商学、工程、医药、航空、航海、建筑、水利等学科的基础。借助微积分的概念，人们基于对变化率的研究，可以使用函数、速度、加速度、斜率等来演绎很多看似难以分析的对象。

以上只不过列举了牛顿对人类科学的贡献的一小部分。谈到牛顿，我们不得不提剑桥大学，牛顿是剑桥大学最伟大的学生之一，牛顿的成长离不开剑桥大学的培养。据说，牛顿发现万有引力的那棵苹果树就在剑桥大学三一学院，此地如今已成为游客到剑桥大学必参观的一个景点。

1976 年，苹果公司的第一个 LOGO 是由其联合创始人罗恩·韦恩设计，他的设计灵感就来自这一场景（见图 1-1）。看得出，苹果公司立志像牛顿一样致力于科学创新。

图 1-1　苹果公司的第一个 LOGO

贫困生牛顿在读剑桥大学时，曾通过打工来赚取生活费用。1667 年，牛顿获得奖学金，重返剑桥大学三一学院攻读研究生。据说，伊萨克·巴罗教授曾是牛顿的老师，但他在 39 岁时就退休了，因为他要将教授席位让给当时只有 28 岁的牛顿。不歧视或排斥贫困生、不论资排辈，这些都体现了剑桥大学"不拘一格降人才"的文化氛围。

牛顿曾长期在剑桥大学教数学，并获得了数学教授席位。同时，他也在此从事研究工作。剑桥大学是培养和激发像牛顿这样天才大师的地方，培养了历史上的多位杰出人士。这所创建于 1209 年的大学，距今已有 800 多年的历史。截至 2019 年 10 月，有 120 位诺贝尔奖获得者、11 位菲尔兹奖得主、7 位图灵奖得主是该校的师生、校友或研究人员。牛顿就读的三一学院创建于 1546 年，大哲学家培根、著名诗人拜伦、哲学家罗素等几位在各自领域出类拔萃的大师，都毕业于三一学院。在这里，文学、艺术、哲学、数学和物理这些学科之间可以相互借鉴，以达到触类旁通。

剑桥大学实行学院联邦制，由 31 所成员学院、超过 150 个"系"及其他附属机构组成。成员学院在遵守剑桥大学章程的基础上享有高度自治权，属于半独立机构，拥有自己的资产及物业，有权调整开支及管理资产，有自身的管理框架，自行设立标准并招收学生以及安排学生活动，剑桥大学只负责考试与学位颁发。"系"直接隶属于剑桥大学，由剑桥大学而不是成员学院负责"系"的教学和科研。剑桥大学议会负责选出大学的校监、校长等高级管理人员，是大学政策的制定和执行机构，定期向校务委员会汇报，并监督制衡校务委员会的职能权力运行情况。

杰出的大学总能为企业开展科技活动提供重要的智力资源。世界排名前十的五所大学——剑桥大学、牛津大学、伦敦大学、帝国理工大学、伦敦政治经济学院，被称为"G5 超级精英大学"，培养出了众多诺贝尔奖获得者。这五所大学彼此相距不到 100 公里，因此这片区域成为全球智力资产汇集的地区，孵化出了大量的科技企业，推动了新思想、新技术的成果转化，形成了科技企业集群。甚至，剑桥大学周边成为全球最具影响力的创新中心之一。

二、瓦特与企业家博尔顿风雨同舟数十载

1623 年，英国国王詹姆斯一世允许设立专利权，保护新发明的权利，这使得发明开始成为获取财富的重要来源，从而刺激和推动了许多新发明的产生。1660 年，英国成立资助科学发展的组织——英国皇家学会（全称为"伦敦皇家自然知识促进学会"）。1689 年，英国确立了君主立宪制，巩固对私有财产（包括发明）的保护。1694 年，英格兰银行成立，银行以 8% 的利率贷款给政府，而政府则授予其制币权、银行券改造权和证券投机作为回报，这一政策为技术创新与商业发展提供了资金支持。这些法律和政策极大地刺激了技术人才、民间技术组织和企业投身科技创新，为蒸汽机的发明及工业革命奠定了基础。随后，瓦特时代到来。

年轻的瓦特加入科技创新大潮，成为英国伯明翰工业家与科学家组织的"月光社"的重要成员。月光社是由十几位生活在英格兰中部的科学家、工程师、仪器制造商、枪炮制造商在 1756 年左右成立的技术社团。1765～1813 年，其成员定期在英格兰的伯明翰聚会。月光社促进了跨行业、跨阶层、跨领域的知识的学习、交流与碰撞，年轻的瓦特在其中很活跃，他总是对新领域表现出极大的兴趣，被其他成员认为是很好

的社交伙伴。这种开放式的学习对瓦特积累知识起到了重要作用。

童年时代的瓦特曾在文法学校念过书,然而他并没有受过系统教育。1757年,英国格拉斯哥大学的教授、物理学家与化学家约瑟夫·布莱克成了瓦特的朋友与导师。后来,格拉斯哥大学提供给21岁的瓦特一个机会,让他在大学里当教具实验员,负责修理教学仪器。4年后,在格拉斯哥大学罗宾逊教授的引导下,瓦特开始了改良蒸汽机的实验,并自主设计建造蒸汽机模型。6年后,1763年,瓦特得知格拉斯哥大学有一台纽科门蒸汽机正在伦敦修理,他请求学校取回这台蒸汽机并要求亲自进行修理。

在格拉斯哥大学布莱克教授和企业家约翰·罗巴克的资助下,瓦特启动了新式蒸汽机的研制。三人注册了新公司,但由于暂时无盈利,而申请专利和各种程序又都需要资金,所以初始投资很快就花光了。瓦特不得不找了一份运河测量员的兼职工作谋生,直至8年后创业公司破产。之后,伯明翰一家铸造厂的老板马修·博尔顿接手了新式蒸汽机的相关专利。瓦特与企业家博尔顿从此开始了他们几十年同舟共济的历程!

这次合作中,瓦特不仅获得了资金,还精进了加工制造工艺的技术。新型蒸汽机制造中的一个难点就是活塞与大型气缸的密合,这个问题最终被工程师约翰·威尔金森解决了。威尔金森在改进加农炮的生产工艺时提出了一种新的精密镗孔加工技术,此后他将这项技术用于蒸汽机的制造。1776年,40岁的瓦特带领团队成功制造出第一批应用于实际生产的新型蒸汽机。在之后的6年里,瓦特又对新型蒸汽机做了很多改良并获得一系列发明专利,如双向气缸(使蒸汽能够从两端进出,从而推动活塞双向运动)、节气阀门(与离心节速器一起控制气压与蒸汽机的运转)、气压指示器(指示蒸汽状况)、三连杆组(保证气缸推杆与气泵的直线运动)。1794年,新型蒸汽机技术终于成熟到可被批量生产,于是58岁的瓦特与博尔顿合伙开设了一家专门制造新型蒸汽机的公司,该公司一直保持着科技与企业家精神紧密结合的状态。截至1824年,公司共生产了1165台新型蒸汽机。

可以看出,从开始研究到蒸汽机问世,历经15载;从蒸汽机问世到研制出技术完全成熟的新型蒸汽机,历经33年;从研制出新型蒸汽机到量产大卖,历经63年。想象一下,如果没有支持瓦特钻研此技术的企业家博尔顿,会是什么结果呢?

由瓦特改良蒸汽机而触发的一系列技术革命使英国的生产方式发生了重大飞跃,即从以手工劳动为主向以动力机器生产为主转变。技术革命很快从英格兰传播整个欧洲,19世纪又传播到北美地区。蒸汽机、煤炭、钢铁促进了工业革命的加速发展,自此,人类社会进入崭新的"蒸汽时代"。

了解了瓦特的持之以恒的精神之后,我们再看一下瓦特成长的"环境"。月光社、格拉斯哥大学、约瑟夫·布莱克和罗宾逊教授、企业家罗巴克和博尔顿、工程师约翰·威尔金森,正是他们助力瓦特这一技术天才的成长,共同推动了蒸汽机研发并使新型蒸汽机实现量产。

三、知识产权保护是英国推动创新的关键

英国是现今世界上科技创新投入产出比最高、文艺创作和创新最繁荣的国家之一,这得益于英国完善的知识产权保护体系。1662年,英

国出台了世界上第一个建立登记图书许可证的印刷法令《许可证法》。1710年，英国又通过了世界上第一个解决盗版问题的版权法《安妮女王法令》。1852年，英国开始实施《专利法修正法令》，同时成立国家专利局，标志着现代知识产权体制的确立。英国严谨的版权保护体系，帮助《哈利·波特》作者罗琳几年内从一位失业的单亲妈妈变成亿万富翁。对创造性智力劳动应该予以保护，侵犯智力资产的行为是犯法，这在英国已成为全民共识。英国一直将知识产权保护视为推动创新的关键。

英国历史上著名的技术创新如下。

防水材料 1823年，苏格兰一个橡胶工人麦金托什（Mackintosh），不小心把橡胶溶液沾到了衣服上，他意外发现衣服上涂了橡胶的地方，好像涂了一层防水胶，虽然样子难看，但不透水。随后，他制成世界上第一件能挡雨水的衣服。直到现在，"雨衣"这个词在英语里仍为"mackintosh"。

碳纤维 1860年，英国化学家、物理学家约瑟夫·威尔森·斯旺爵士（Sir Joseph Wilson Swan）发明了以铂丝为发光体的白炽灯。为解决铂丝不耐热的问题，斯旺使用了碳化的细纸条（碳纤维）代替铂丝。碳纤维被证明具有广泛的用途。

喷气发动机 1928年，英国克伦威尔皇家空军学院的弗兰克·惠特尔（Frank Whittle）发明了涡轮喷气发动机。1941年5月15日，安装惠特尔设计的W-1发动机的喷气式飞机首飞成功。

通用图灵机 1936年，英国数学家艾伦·麦席森·图灵（Alan

Mathison Turing）提出了一种抽象的计算模型——图灵机，又称为"图灵计算机"。他实现了由一个虚拟的机器替代人类进行数学运算，这奠定了现代计算机的基础。

自动取款机　1940年，发明家约翰·谢泼德-巴伦（John Shepherd Barron）受巧克力自动贩卖机的启发，提出了自动取款机的创新理念。其后，他在伦敦为巴克莱银行制造出世界上第一台自动取款机。

通信卫星　1945年，英国科幻作家阿瑟·克拉克（Arthur C. Clark）在《无线电世界》最先提出"全球卫星通信"的概念，地球同步卫星轨道因此命名为"克拉克轨道"。

万维网　1989年，英国计算机科学家蒂姆·伯纳斯-李（Tim Berners Lee）创建了HTTP和URI（现在的URL），构建了Web的基础。

石墨烯　2004年，英国曼彻斯特大学的两位科学家安德烈·海姆（Andre Geim）和康斯坦丁·诺沃肖洛夫（Konstantin Novoselov）发现了石墨烯。石墨烯是目前发现的最薄、强度最大、导电和导热性最强的新纳米材料，未来有可能颠覆整个电池行业。

ARM芯片架构　1978年，一家位于剑桥大学附近的科技公司（后剥离出来，叫"ARM公司"），提出一个32位精简指令集（RISC）处理器架构，后被芯片设计企业广泛采用。世界90%以上的智能手机和平板电脑（包括苹果、华为），所用芯片采用的都是ARM架构，目前世界上已有超过500亿枚芯片采用ARM架构。

ARM公司的商业模式创新，体现为向芯片企业授权专利设计，自己不生产芯片。2011年12月6日，英国公布著名的知识产权管理政策，提出建立"专利盒"(Patent Box)制度，对企业实施专利商业活动所获得的利润，政府只征收 10% 的税费或免税。这样可使企业保留由专利所获得的大部分收入，从而实现利润最大化。这一政策旨在激励企业保留专利，并将现有专利商业化，推动企业研发新的专利产品，同时也鼓励企业在英国境内设置与专利产品研发、制造和应用相关的高价值工作岗位，有效阻止创新型企业的知识产权流向国外，进而保持英国在专利技术方面世界领先者的地位。可以看出，从 1662 年就开始不断推出的知识产权保护法规，极大地推动了英国的技术创新，这些开拓性创新在此后数百年间影响并推动了全球的技术创新。

四、贝尔移民美国成为发明家与企业家

1789 年，美国将知识产权保护写入宪法，这极大地促进了整个国家的发明创造，激发了企业家与研发人才的活力。一年后，以宪法为依据，美国颁布了《专利法》，这是当时世界上最系统、最全面的专利保护法。它吸引大量欧洲的科技人才奔向美国，其中包括亚历山大·贝尔。

1847 年，亚历山大·贝尔出生于苏格兰，在英国接受了主要教育。1870 年贝尔全家迁居加拿大，后又从加拿大搬到美国。贝尔的父亲是一位噪声生理学家，并且是矫正说话、教授聋哑人的专家。1864 年，贝尔的父亲发明了一套人类发音的符号系统，称为"可视语音"。他指出，任何声音都能用该系统记录下来，其他人也能通过该系统精确地把记录下来的语音复述出来。

1871年，贝尔在美国波士顿聋哑人学校供职。两年后，26岁的贝尔获得波士顿大学演说术教授的职位。美国波士顿地区拥有哈佛大学、麻省理工学院、波士顿大学等诸多学术机构，是全球智力资源最密集的地区之一。在这个创新地带，各种供技术交流、创业办公的咖啡馆星罗棋布。这一地区众多的技术展览、演讲、学者间的交流对贝尔帮助很大，贝尔在波士顿期间开始做谐波电报的实验。1873年，在麻省理工学院的展览会上，贝尔见到了声波记录仪，这对他启发很大。

1874年7月2日，27岁的贝尔提出了发明电话的构想。贝尔教授的一位耳聋学生的父亲哈伯德是位企业家，为了与电报巨头西部联合公司竞争，资助了贝尔在发报机领域的研究。哈伯德雇用了一位电工沃特森做贝尔的助手，以弥补贝尔在电学知识上的不足，这有力推动了贝尔对电话的研究。1875年，贝尔和沃特森终于研制成两台原始的电话样机。1876年2月24日，企业家哈伯德向专利局提交了贝尔的专利申请，几小时后，电话的另一位发明人格雷也提交了申请，但因为贝尔的申请早了几个小时，最终美国高等法院裁定贝尔是电话的发明者。29岁的贝尔在申请专利后第10天获得了专利权的确认。

贝尔在费城博览会上展示了他的发明，但并没有引起人们的注意，没人看好电话的前景。贝尔没有灰心，决定向公众演示电话的功能。1876年10月，贝尔在家中进行了远距离通话的展示，他从一家杂货店到自己家拉了一条5英里①长的电话线，贝尔和沃森特首次进行了两地间的通话。贝尔大力推广电话技术，并开启了大众使用电话的时代。

---

① 1英里=1609.344米。

1877年7月9日,贝尔和企业家哈伯德成立了贝尔电话公司[美国电话电报公司(AT&T)的前身]。

1878年,贝尔在波士顿与300公里之外身处纽约的沃尔森进行了首次长途电话实验。一年之内,贝尔公司共安装了230部电话。此后,贝尔又发明了帮助呼吸功能障碍者呼吸的"真空服"(人工呼吸器的前身)、金属探测器(X光机的前身)。贝尔不仅拥有诸多发明,还创办了美国《国家地理》杂志、国家地理协会,创立了英国聋哑教育促进协会,著名的聋哑作家海伦因受益于其聋哑教育,而在自传中公开感谢贝尔。

19世纪90年代,43岁的贝尔开始研究空气动力学,并与航空先驱塞缪尔·兰利合作发表了关于飞行器的论文。1903年,美国的莱特兄弟发明了飞机并试飞成功,他们验证了贝尔和兰利此前的研究成果。1907年,60岁的贝尔成立了航空实验协会(AEA),并与年轻的莱特兄弟合作设计飞机。他们经过不断尝试最终获得成功,使飞机从此有了方向舵和滑行轮,贝尔参与的这些创新设计是航空史上的重要里程碑。

1915年,贝尔电话公司剥离长途电话业务,成立AT&T。AT&T创立了贝尔实验室,以发扬贝尔的创新精神。贝尔实验室是许多重大发明的诞生地,这些重大发明包括晶体管(计算机的基础)、激光器、太阳能电池、发光二极管、数字交换机、通信卫星、电子数字计算机、蜂窝移动通信设备、长途电视传送、仿真语言、有声电影、立体声录音,以及通信网络。

贝尔实验室的工作可以大致分为三类:基础研究、系统工程和应用开发。基础研究方面主要从事电信技术的基础理论(包括数学、物理学、材料科学、行为科学和计算机编程理论)研究。系统工程方面主要研究构成电信网络的高度复杂系统。应用开发部门是贝尔实验室最大的部门,负责设计电信网络的设备和软件。贝尔实验室共有 3 万多项专利,其基础研究开创了多项人类科学史上重要研究的先河。

贝尔实验室也是 Unix 操作系统和 C 语言的发源地,它们是计算机产业的基础。贝尔实验室的专家克劳德·香农于 1948 年发表论文《通信的数学原理》,奠定了现代通信理论的基础。贝尔实验室在 20 世纪为第三次产业革命做出了重要贡献。贝尔实验室共产生了 11 位诺贝尔奖获得者,其中发明晶体管的三大物理学家之一威廉·肖克利创立了硅谷历史上第一家科技公司,拉开了硅谷创新地带的传奇序幕。

想象一下,如果贝尔没有搬迁到美国,历史会怎样。贝尔很重要,但孵化创新的土壤更重要。保护知识产权的法律、开放自由的学术交流组织、可供开放式研究的实验室、众多的民间学术协会、发达的信息资源,都有助于推动创新。鼓励企业家精神的商业环境、保障专利致富的法律和激励政策,都是吸引人才、引导资金投入的重要因素。正因为此,美国这个建立时间很短的国家,后发制人,一跃成为当时最具创新力的国家之一。

五、爱迪生创立美国第一家工业实验室

美国用《宪法》营造了一个高效率的保障知识产权和专利的自由市场,这激发了企业家和发明家的热情,经济和科技得以蓬勃发展。

幼年的爱迪生充满了奇思妙想，曾因模仿母鸡孵蛋而被老师认为是弱智儿童，被迫退学。但是，智慧的母亲给了他宽松、自由的家庭教育，爱迪生得以广泛地学习、大胆地探索，一直保持着强烈的求知欲和学习精神。受益于美国开放性办学，爱迪生曾在库伯联盟学院做过旁听生。

库伯联盟学院，1859年由美国发明家和企业家彼得·库伯创立，是美国为数不多的向全部学生提供全额奖学金的著名大学。库伯创办库伯联盟学院的理念是：教育不应受制于种族与经济条件。库伯本人只受过不到一年的正规教育，但却成为成功的发明家和企业家。他发明了美国第一个用于火车的蒸汽机，他还开过炼铁厂，投资过房地产、保险业、铁路和电信业，还曾竞选过美国总统。库伯联盟学院在美国大学中独树一帜，在校学生人数通常不到千人，却培养出了包括诺贝尔物理学奖获得者以及爱迪生这样的众多杰出人才。

爱迪生的第一个发明专利是用于证券市场的电子投票计数器，虽没有卖出获利，但开启了他的发明之路。随后，他又发明了一种改进的股票行情自动收录器，这项发明给他带来了4万美元的专利收入。受库伯事迹的激励，爱迪生走上了靠发明致富的道路。1876年，这位奇才在新泽西州的门洛帕克创立了全美第一个工业研究实验室（"爱迪生发明工厂"，世界上第一个专门以技术革新和改善现有技术为目的机构），开始系统化地发明创造。也就是说，发明创造不再只是爱迪生一位天才独立开展的，而是通过配备相应的组织架构和流程体系开展的。这个基于研发创新管理的工业实验室（企业研发中心），吸引了各类人才加入，进行协同创造。其中有化学家、数学家、技术工人、技术工程师、电气工程师、机械工程师、理论分析专家、技术管理专家、测试人员等不同角色与职责的研发人员，显著提升了发明创造的成功率和效率。从此，爱迪生的发明成果开始硕果累累，他名下拥有1000多项专利。可以说，爱迪生打开了一个新世界：发明创造不一定来自某位天才，也可以来自一个分工协作的组织。

门洛帕克实验室（Menlo Park Lab）具有先进的管理思想，设备配置良好，人才济济。电气工程师哈默在研发电灯项目上负责测试和记录白炽灯的运行情况，除此以外，他还参与了爱迪生发明留声机、电路、铁矿分离器、电照明设备等的研发项目。1874年，爱迪生发明了四倍通信机（可用一根导线同时传送四个信号的通信机），并成功以1万美元的价格卖给了垄断美国电报业的西联汇款公司。1877年，30岁的爱迪生带领团队发明了留声机，在人类历史上第一次把声音记录下来并重新回放，这也成为他最伟大的发明之一。

爱迪生在《科学美国人》杂志上获知英国人发明了电灯泡，他敏锐地意识到这是一个很好的生意机会，但技术难点是找到既便宜又耐热的灯丝材料。于是，他汲取了几位电灯发明先驱者的设计优点，并带领团队开展大量的材料实验，最终发现用廉价的碳化棉纤维丝作为发光材料可以大大延长灯泡寿命。这项发明给人类带来了历史上第一款可量产的稳定发光的商业白炽灯。随后，他在纽约与几个金融家族，包括金融家摩根（Morgan）和范德比尔特（Vanderbilt）家族，创立了爱迪生灯泡公司。一年多时间，试验了1600多种材料，设计了几十种灯泡原型，最终用碳化竹丝代替棉线做灯丝，将持续照明时间提高到1200个小时。

两年后，爱迪生任命工程师哈默为"爱迪生灯"项目的总工程师。除了大量聘请各类工程师和实验人员以外，公司还聘请了职业经理人作为制造工厂的总经理。在优秀的研发管理与生产管理下，爱迪生的工厂一年就制造出5万只白炽灯，实现了人类历史上首次将电灯大规模商业化。当时，阻碍电灯走进千家万户的是发电设备和电网的稀缺。于是，爱迪生又创立了生产发电机和电动机的爱迪生机器厂，生产灯具、插座及其他电气照明装置的伯格曼公司，帮助人们能"便宜且便捷地用电"。

1880年，爱迪生灯泡公司从纽约开始在美国东海岸的一些重要城市建造配电站，并通过自身的直流电路系统向一些商用场所、富人住宅提供照明服务。金融家J.P.摩根在私人住宅安装了第一盏电灯，发电机就放在地下室。1881年2月，爱迪生举家搬到了纽约第五大道，即爱迪生灯泡公司的总部所在地，目标是建成世界上第一个电网，让曼哈顿的每座楼房都通上电。除了努力获得街道开挖的许可外，爱迪生还制造了大量的配套产品，如电表、电缆、插座等。1882年9月4日，纽约珍珠街的夜空被点亮了。随着110伏直流电输送到整个街区，街头和室内灯火通明，人类历史上第一个电网诞生。

1884年，具有创新活力的美国吸引了来自塞尔维亚的年轻人尼古拉·特斯拉（Nikola Tesla）。特斯拉到美国后立即投奔声名远扬的爱迪生公司，帮助改造直流电气设备。但特斯拉并不认同直流电，他建议开展交流电技术研究。遗憾的是，爱迪生并没有重视这个建议，而是固执地坚持直流电的技术路线。1886年，特斯拉离职，创办了特斯拉电灯与电气制造公司，并获得西屋电气的投资。1888年，特斯拉带着先进的无刷电机及多相交流电分配的专利，加入爱迪生的竞争对手西屋电气实验室，这极大增强了西屋电气与爱迪生公司竞争的实力。

1889年4月，在金融家J.P.摩根和安东尼·德雷克塞尔的支持帮助下，爱迪生将旗下几家公司整合，成立了爱迪生通用电气公司，随后收购了弗兰克电气铁路和发动机公司。1891年，该公司成为美国最大的公司，这也是爱迪生作为企业家的巅峰时刻。

然而，技术的更新迭代是必然的，市场给出了最快速的反应，仅一年，爱迪生的直流电技术公司的市场就逐步被交流电技术公司蚕食，前者利润也远低于后者。接着，在尼亚加拉瀑布水力发电项目上，J.P.摩根惜败于特斯拉的交流电技术公司，这促使他决定放弃直流电。1892年，J.P.摩根主导推动了爱迪生通用电气公司和位于马萨诸塞州的汤姆森－休斯敦电气公司合并，成立了通用电气公司。查尔斯·科芬（汤姆森－休斯敦电气公司创始人）出任通用电气首任总裁，公司致力于发展企业级交流电技术事业。44岁的企业家爱迪生黯然出局。

通用电气公司在科芬的带领下，着力于打造优秀的研发与创新管理机制，具体表现为：建立美国第一个致力于原创性基础研究的企业研发中心——通用电气研究实验室，建立发现、培养、保留杰出技术和管理人才的管理体制，打造使科技型企业持续发展的机制与文化。这些使得通用电气"江山代有才人出"、基业长青。

爱迪生的发明之路，是美国创新发展之路的杰出代表，是一个从个人天才到智力集群的过程，是一条创新研发管理体系的建设之路。天才爱迪生的发明受益于其创建的工业实验室，受益于智力资源群和创新研发管理体系。此后，这种创新研发管理体系也帮助通用电气这样的高科技企业实现了基业长青。

六、创新路上九死一生的辉瑞

充满机会的美国曾吸引了大量欧洲移民。1848 年，一对来自德国的表兄弟——25 岁的查尔斯·辉瑞和 28 岁的查尔斯·厄哈特，怀揣梦想到美国创业。辉瑞曾是德国化工厂的药剂师学徒，厄哈特则有一手制作糖果的技术。兄弟俩将山道年和杏仁太妃糖香料混合并制成宝塔的形状，开发出辉瑞公司首个产品——好吃的驱虫药"山道年塔糖"。这款产品改变了过去驱虫药的苦涩味道，塔糖投入市场后受到极大欢迎，迅速风靡全美。

此后的 10 年，辉瑞公司不断从欧洲进口化学原料生产碘酒、柠檬酸、塔糖等。之后由于辉瑞公司自主研发的产品物美价廉，逐渐取代了进口，利润随之滚滚而来。可以说，辉瑞公司的发展之路就是研发创新之路。1861 年，辉瑞公司成立 13 年，美国南北战争爆发。由于生产碘酒等战争急缺药品，辉瑞公司获得迅猛发展。辉瑞公司坚持以高质量、精湛的工艺以及拥抱新技术，主动推动行业变革，促进生产效率的提高。1878 年，辉瑞公司使用了贝尔的新发明——电话，这是该行业的首次冒险尝试。

辉瑞公司首次打破化工制药企业家族化的传统，在企业管理中引入职业经理人。外部职业经理人往往能带来新鲜的血液，为公司增添活力。辉瑞公司还授予职业经理人董事会席位、利润分配权和股票，执行员工持股计划，即"参与管理、共享发展"。可以说，研发管理创新机制、基于利润的激励机制、股权激励机制等各种管理制度，一直是辉瑞公司持续创新、人才队伍不断壮大的原因。

1880年，成立32年的辉瑞公司，已是美国领先的柠檬酸制造商。从柠檬中提炼的柠檬酸用途广泛，可以用于造纸、合成食品、制造软饮料等。

辉瑞公司从欧洲进口柠檬用于生产柠檬酸。当时，辉瑞公司为降低生产风险，摆脱对原材料的依赖，开始启动原材料创新研发。公司引入包括食品化学家詹姆斯·柯里博士在内的专业人才，花费数十年时间，利用糖发酵过程中产生酸这一原理，创造了发酵法制造柠檬酸，从而取代传统的柠檬提炼法。因为这一创新，辉瑞在两年内就垄断了整个柠檬酸市场。这不仅帮助辉瑞公司成功避免了因世界大战导致的原材料中断及价格垄断，而且一举成为世界级化学原料供应商。

让我们看看辉瑞公司为这一创新创造哪些条件：良好的研发实验条件、巨额的资金投入、大量的时间。除了大量的化学实验，柯里博士还带领团队做了生产技术革新，包括改革生产工艺以实现产量的突破，减少生产机器设备的使用以降低成本。辉瑞公司为生产工艺的突破申请了专利保护，将工艺流程严格保密，并持续在生产工艺设备和流程上进行改进。

青霉素（又叫"盘尼西林"）是人类最早发现的抗生素，能有效杀灭细菌，可用于治疗导致人类死亡的瘟疫、伤寒、流感等传染病。1928年，英国伦敦大学圣玛丽医学院（现隶属于英国帝国理工学院）细菌学教授弗莱明在实验室中发现青霉菌具有杀菌作用。1938年，牛津大学的钱恩、弗洛里及希特利等人领导的团队把青霉素提炼出来。1945年，弗莱明与钱恩和弗洛里共同获得了诺贝尔生理学或医学奖。但是，青霉素一直面临着无法大规模生产的难题。在不断改进柠檬酸生产工艺的过程中，辉瑞公司掌握了一种用糖蜜做原料的深罐发酵技术，可以对青霉素进行培养、分离、提纯和强化，即规模化生产，这成为医药史上的重大突破。第二次世界大战期间，青霉素千金难求，一小瓶青霉素的价格达到了15万美元。辉瑞公司的管理层、工人以股东的身份，共同筹款数百万美元，用于购置发酵所需的设备和修建厂房。最终，辉瑞公司解决了青霉素规模化生产所需的生产工艺难题，使得青霉素廉价化。随后，辉瑞公司将这一重大发明通过出售设备和原料的方式分享给竞争对手，以满足全球对青霉素的需求。之后，辉瑞公司通过不断改进技术，使其生产的青霉素占据全球一半的市场份额，这也奠定了辉瑞公司在世界医药行业的地位，辉瑞公司成为全球最大的制药企业。

可以看出，辉瑞公司坚持以人才为本、团队奋斗、发明技术为先，不惧失败，开展研发管理创新，成果斐然。辉瑞公司研发与创新过程中积累的生产工艺和设备、流程等，帮助公司打造了坚实的可持续发展的技术平台，使得辉瑞公司强劲发展超过百年。

七、美国在激发创新上所采取的举措

1776年7月4日美国宣告独立，可是一穷二白的美国要怎么发展呢？唯有依靠人才和创新，才能实现超越。为此，美国把知识产权保护写入了宪法。

美国在建国之初就颁布了知识产权法，这极大地调动了人们发明创造的积极性。随后，美国逐渐超越欧洲，成为全球科技与研发创新的基地。林肯曾称："专利制度是在天才的创造火焰中添加了利益这种燃料。"

美国教育的普及和带来的学术探索氛围是激发创新的又一武器。美国建国初期就颁布了《全民教育法案》，要求每个公民都要接受教育，并且把受教育的权利作为人权的重要部分。美国建立了世界上规模最大、水平最高的教育体系，特别是高等教育。

对人才的积极引进和激励，以及不断在人才的激励与管理方面进行创新，也是美国激发创新的重要举措。

美国注重全面研发与创新，范围包括整个产业链。例如，从实验室里的发明、理论研究、配套环境（如电灯所需的电网），到新的技术设备、新的产品设计、新的生产流程、新的生产工艺等，再到商业模式、管理方式、人才激励、研发管理体系的创新。

在上述创新机制下，贝尔、辉瑞两兄弟、特斯拉等欧洲杰出的技术人才纷纷涌向美国。由于知识产权可以转化为实实在在的财富，因此不断涌现出爱迪生、贝尔这样的大发明家；辉瑞、通用电气等企业也大举投入创新性研发，并视其为企业立足之本。

伴随着商业市场的空前繁荣，美国在商业模式、管理方式、人才激励、研发管理体系等方面也逐步走在世界前列。这些都是推动美国短时间成为超级创新强国的重要原因。

八、发明专利推动中国民企快速发展

1883年，以法国为首的十多个欧洲国家为解决工业产权的国际保护问题，经过协商，签订了《保护工业产权巴黎公约》(简称《巴黎公约》)，该公约开创了专利法国际协调的先河。1967年7月，"国际保护工业产权联盟"（巴黎联盟）和"国际保护文学艺术作品联盟"（伯尔尼联盟）的51个成员在瑞典首都斯德哥尔摩共同建立了世界知识产权组织，以便进一步促进全世界对知识产权的保护，加强各国和各知识产权组织间的合作。中国于1980年6月3日加入世界知识产权组织，正式成为它的第90个成员。

1958年，中国科学技术大学成立。首任校长为郭沫若，赵忠尧、钱学森、华罗庚、郭永怀、赵九章等当时的学科带头人分别兼任近代物理系、近代力学系、数学系、化学物理系、地球物理系的系主任，有时还会亲自授课。这里可谓大师云集，思想活跃，学术严谨，创新项目层出不穷。一位来自河南南阳农村的无线电专业的学生如饥似渴地沉浸在科学的海洋里，他就是王永民。1977年10月，34岁的王永民离开待了8年的四川永川国防科委的军事部门，回到家乡河南南阳到科委工作。1978~1983年在河南南阳科委工作期间，王永民发明了五笔字型输入法，并申请了专利。在此之前，电脑输入需要用汉语拼音，无法直接输入汉字，而五笔字型输入法只需用户装上软件，就能实现高效实用的汉字"盲打"。

1983年，王永民举办了中国第一个五笔字型学习班，当时60家单位和他签署了协议，由他亲自教授五笔字型及软件使用。

1984年，王永民带了一台电脑到北京推广五笔字型输入法，在招待所地下室一住就是两年。最终，上百个中央国家机关和10多个省市都采用了该技术。

1987年，当时全球第二大电脑公司DEC出资25万美元，购买了五笔字型发明专利。这件事成功开启了王永民的事业。随后，他应邀到联合国总部演示五笔字型输入法。该项发明技术还获得中、美、英等国专利40余项，并被苹果、微软等全球知名公司购买。这是中国信息软件专利技术首次进入国际市场，是零的突破。"王永民靠卖专利一夜致富，搬出地下室"迅速成为美谈，成为知识致富的表率。该事件标志着，中国加入世界知识产权组织后，中国专利迎来走向世界的机会。

中关村是中国第一个国家级高新技术产业开发区、第一个国家自主创新示范区和第一个"国家级"人才特区。中关村是中国科技智力资源最为密集的区域，号称"中国的硅谷"。20世纪80年代初，中关村就有了一批"下海"经商的科技人员，他们通过创办民营科技企业，将科技成果进行市场转化。1987年，以"两通两海"（即四通公司、信通公司、科海公司、京海公司）为代表的近百家科技企业聚集成中关村的"电子一条街"。这条街始于白石桥，沿白颐路（今中关村大街）一直向北至成府路，后又有扩展，包括中关村路至海淀路一带，东至学院路。中关村地区一直是中国资本、知识创业、研发型人才结合最紧密的地区。

王永民在中关村电子一条街创办了王码公司，经营装入了五笔字型字库和输入法软件的王码汉卡，成为中关村最早的创业企业之一。插入王码汉卡的电脑才能用五笔型输入法，因此，随着五笔字型输入法的普及，王码汉卡的销量惊人，年纯利润达上千万元。1991年，王永民在人民大会堂宣布，为了让"五笔字型"尽快地造福社会，王码公司将研发成果"王码 5.0 版汉字操作系统软件"向国内不加密开放。其实，王码软件免费背后的一个事实是：知识产权缺乏有效保护，盗版横行，王永民已经被逼到无可奈何、精疲力竭的地步。

王码公司曾在全国拥有 20 多家分公司、2 家海外公司、数以百计的代理商、数以千计的培训网点。面对日新月异的计算机技术革命浪潮，王码公司始终聚焦于五笔字型细分领域近 30 年。王码五笔字型输入法的发明推动了计算机在中国的普及，推动了汉字走向世界，但是这项发明在缺乏知识产权保护的环境中没有成为企业持续获利的来源。由于计算机整体技术的飞速发展，字词联想使拼音输入的速度不亚于五笔字型，王码公司和五笔字型能否再现辉煌还是一个未知数。

1994 年，25 岁的济南铁路成人中专学校老师王旭宁，提交了关于电动豆浆机智能加热的发明专利申请。王旭宁靠着这件发明专利，辞职下海创办了九阳公司。20 多年来，九阳豆浆机的核心技术经历了 15 次重大创新，申请国内外专利 2000 余项。2015 年 12 月，九阳公司的发明专利"快速制浆的豆浆机"荣获第十七届中国专利金奖。九阳公司持续推出的发明专利，使其在激烈的国内市场竞争中赢得了 70% 的市场份额。九阳产品也远销日本、美国等 20 多个国家和地区，改变了中国小家电产品技术含量低、品质低的落后面貌，创造了单品年销售额过百亿元的中国企业的奇迹。专利保护不仅是自身创新发展的需要，也是走向海外市场的"通行证"。知识产权的保护，让九阳公司在侵权法庭上屡战屡胜，有效保护了公司的研发与创新成果。2012 年，九阳公司以侵犯其 2004 年申请的"易清洗多功能豆浆机"发明专利权为由，将飞利浦等公司告上法庭，最终获得巨额赔偿。如今，每年家电巨头企业向九阳公司交纳的专利授权费超过千万元。

九、知识产权为中国企业的研发创新保驾护航

加入世界知识产权组织以来，中国持续完善知识产权相关法律法规和政策体系，加大行政执法力度，加强执法指导，深化司法审判领域改革，不断完善保护机制，健全工作体系。这些法律法规为中国企业走向世界，通过知识产权转让/授权获得巨额利润，提供了有力的保障。

中国长三角正成为全球生物制药研发的重要基地。仅创立四年的信达生物制药（苏州）有限公司，2015年两次与美国礼来制药达成产品开发战略合作，获得首付及潜在里程碑款等合计33亿美元。中国人发明的生物药获得了国际市场的认可，而且卖给了世界500强的美国制药企业，这是技术的创新突破。2016年3月15日，复旦大学与美国沪亚公司（HUYA）在上海达成协议，复旦大学生命科学学院教授杨青，将拥有自主知识产权的用于肿瘤免疫治疗的IDO抑制剂，有偿许可给美国沪亚公司，此次许可转让为复旦大学和杨青教授带来6500万美元的收益。

2020年4月，世界知识产权组织公布了2019年专利、商标和工业品外观设计国际注册数据。数据显示，2019年，中国通过世界知识产权组织《专利合作条约》途径提交了5.899万件专利申请，超过美国（5.784万件）跃升至第一位，成为提交国际专利申请量最多的国家。但

是在发明专利方面，据专利数据统计及分析公司智慧芽（PatSnap）的数据，中国仅是美国的 39%，德国的 44%，日本的 43%，英国的 49%，法国的 51.6%。2018 年，中国知识产权使用费对外支出 358 亿美元，收入 56 亿美元，逆差 302 亿美元。

中国企业在创新研发领域还有很大的提升空间。很多企业不愿意在创新领域加大投入，认为花费巨资研发出的专利产品，转眼就会被侵权，心血付诸东流，遭受重大损失。但是，随着中国不断完善对知识产权的保护，加大执法力度，对创新研发的保护将落到实处。

2014 年 8 月，全国人大常委会审议通过在北京、上海、广州设立知识产权法院的决定草案。知识产权法院将实行跨区域管辖，审理专利、植物新品种、集成电路布图设计、技术秘密、计算机软件等知识产权案件，并审理所在市基层人民法院的第一审著作权、商标等知识产权上诉案。2019 年颁布的《中华人民共和国专利法修正案（草案）》，对故意侵犯专利权，情节严重的规定了一到五倍的惩罚性赔偿，并将法定赔偿额从现行专利法规定的一万元到一百万元提高为十万元到五百万元。2019 年 4 月 23 日，全国人大常委会通过了对《中华人民共和国商标法》做出修改的决定，进一步将恶意侵犯商标专用权的赔偿额由"一倍以上三倍以下"修改为"一倍以上五倍以下"，并将法定赔偿额上限从"三百万元以下"修改为"五百万元以下"。

这些都向整个社会发出了强有力的信息，即知识产权是值钱的，侵权人应当为其侵权行为支付高额赔偿。2019 年，中国密集出台知识产权保护法规，不断加大执行力度。例如，江苏省十大知识产权案件中对侵犯著名商标的企业判罚 5000 万元；北京市知识产权法院对一起侵犯金庸小说改编权的游戏企业判罚 1600 万元。2019 年，中国知识产权中专利、商标质押融资总额达到 1515 亿元，同比增长 23.8%。其中，专利质押融资金额达 1105 亿元，同比增长 24.8%；质押项目 7060 项，同比增长 30.5%。世界知识产权组织及其合作伙伴联合发布的年度全球创新指数（GII）报告显示，中国由 2010 年的第 43 位上升至 2019 年的第 14 位，连续四年保持上升势头。

研发投资、专利和商标国际申请量是全球创新指数的重要构成，也是衡量一个国家或经济体创新表现的主要参考指标，同时也成为衡量一家企业科技成色的重要指标。在专利指标中，经无效程序后仍维持有效的专利数量、公司是否对外发起专利诉讼、公司专利是否对外许可、公司专利质押数量四项，成为专利成色的市场验证统计的重要指标。知识产权不仅是企业的一项防御型武器，也应成为经常使用的进攻型武器，这也是我们现在感受到的：苹果、华为、高通等世界一流科技企业似乎每季度都有知识产权官司，不是作为被告就是原告，而且作为原告的次数越来越多于作为被告。

知识产权是偶然发明，还是主动布局的大规模产出？传统观念认为是少数天才的偶然所得，但事实并非如此。著名发明家爱迪生通过出售专利获得数万美元的初始资金，于 1876 年创立了第一个工业实验室。随后，1889 年贝尔电话实验室成立，1900 年通用电气公司工业实验室成立，1902 年杜邦工业实验室成立。这些研发中心将科学家、工程师、技术人员等拥有不同技能的人才集中起来，通过研发与创新管理体系进行有序分工和管理，开创了专利等知识产权的规模化产出，这是美国得以胜出成为全球知识产权大户的重要原因。在经验丰富的研发与创新管理咨询顾问（外部智力）帮助下，企业更容易研发出专利成果，实现专利技术的整体布局。我曾委托多家接受过咨询的企业统计咨询启动后的专利申请情况，数据显示，在我做过咨询后一年的专利申请数就超过了自其成立以来十多年专利申请的总和，专利技术推动着企业的可持续发展。研发与创新管理体系的建设不仅能提升研发效率，而且有助于大幅提升研发的知识产权成果。研发与创新管理是一门科学！

小结

美国将知识产权保护写入宪法，正是这一措施，使美国的知识产权得到空前发展，使它一跃成为全球创新中心。为有效保护知识产权，有力打击侵权，2018年，中国通过《中华人民共和国专利法修正案（草案）》，这更加激发了创新创造活力。世界知识产权组织发布的报告显示，2019年中国专利申请量全球第一。研发投资、专利和商标国际申请量是全球创新指数的重要构成，也是衡量一家企业科技成色的重要指标。研发与创新管理体系的建设有助于大幅提升研发的知识产权成果。

RESEARCH
— AND —
INNOVATION

第二章

研发与创新组织：百年企业的创富之源

导 言

回顾过去的百年，人们经历了两次全球性经济危机、两次世界大战，以及1918年席卷世界的"西班牙流感"。在那种严酷的外部环境中，拜耳、3M、IBM等企业靠研发与创新得以穿越生死线，并成功建立了研发中心，源源不断地产生专利技术。因此，研发与创新是组织长期生存发展的决定性因素。当前国际环境不稳定、不确定因素明显增多，而且国内各行业竞争日趋白热化，中国企业该如何生存和发展呢？

一、让发明不再是偶然事件：拜耳的研发与专利中心

1860 年，主产业为印染和化工的德国成立了世界上第一个企业研发中心。当时的背景是：制造商必须通过向化学家购买印染专利来开展业务，高度依赖科学家的偶然发明。为了降低商业风险，企业纷纷启动自建研发团队和管理体系。

拜耳公司的初始业务是生产销售合成染料，其技术源于购买的技术专利。工厂常受到各种不确定性因素的影响，如技术很快被同行消化，被竞争对手模仿、同化；偶然的发明在技术上不可持续，但商业是需要持续精进的。为了降低商业风险，拜耳公司聘请了三位刚毕业的化学博士，安排他们到三所不同的大学开展研发合作，主动寻找对公司未来发展有帮助的技术，并且及时将各种研发成果申报专利。

由于重视对研发队伍的培养和管理，拜耳公司很快取得显著的成果，其研发与专利中心的工作人员也增加到 12 名。这些人专职从事研究工作，研究方向很快从化工扩展到制药等领域。拜耳公司兴建的研发与专利中心，包括稀有化学品室、机械工厂、中央分析实验室三大部分，配置了各种专业人员，以形成相互配合、协同研发的文化氛围。研发与专

利中心整体氛围效仿大学，鼓励开放，还配有一个技术图书室，收集了大量藏书。此外，拜耳研发中心还首次将办公室设置成U形工作区，方便工程师交流，以加强协作。开放式办公空间、技术图书室、品种齐全的材料室、各种研讨交流会等，这些加强研发工程师知识交流与工作协作的举措，后来成为研发创新组织的标配。

直到今天，U形工作区仍被各个企业的研发中心广泛采用，像英特尔、惠普、Facebook等研发企业的首席执行官，都没有单独的办公室，而是采用和工程师一样的U形开放式办公空间（见图2-1），会议室采用全透明玻璃。

图2-1　Facebook的首席执行官马克·扎克伯格也在开放式空间办公

研发与专利中心的创建，让拜耳公司的发明如潮水般涌现。拜耳公司通过不断强化研发与专利中心，改进研发与创新管理体系，提高了公司发明产出的效率，并且实现了对企业研发和专利主动的、有目标的规划。拜耳公司通过对研发过程的控制，实现对多个团队和项目的管理，同时推进多个研发与专利项目，使发明不再只是天才个人的"神话"。

研发中心的组织与管理体系的建设，被放在企业的一切事务之上，这是拜耳公司实现百年基业长青之"密钥"。目前，公司已形成高分子、医药保健、化工、农业四大支柱产业，产品种类超过10000种，成为德国最大的产业集团。1899年，拜耳公司生产的阿司匹林被称为"世纪之药"，至今仍被广泛采用。

第一次工业革命后，印染工业和化工业率先在欧洲发展起来，德国的莱茵河畔云集了大量制造业企业。但是，经过两次世界性经济危机和两次世界大战，以及1918年席卷欧洲的瘟疫后，企业所剩无几。1860年以后，存活下来的企业都有一个特点：自建研发中心，持续产出发明专利。

二、"没有失败这个词"：3M公司的研发与创新中心

1902年，3M公司由五位创始人联合创立。早期主要生产创新产品，如防水砂纸、透明胶带，玻璃纸胶带和汽车隔音材料等。此后几十年中，3M公司不断研发新材料产品，将产品范围扩大到如反光膜、磁带、柯式印刷版、思高洁纺织用保护涂料、录像带、照相感光材料以及健康护理产品等。20世纪90年代以来，3M公司与时俱进，持续开发出各种创新产品，包括免疫反应调节用药、电子显示器增亮膜，以及喷墨打印机、手机和其他电子装置所用的软性电路基板。目前，3M是一家面向企业和个人的多元化科技公司，产品涵盖汽车、安防、健康医疗、交通、能

源、电子材料、家居、办公等领域。3M公司是道琼斯工业股票指数成员之一。2019年，3M公司在世界500强排行榜中排名第380名，销售额突破300亿美元。100多年以来，3M获得了超过10万项专利，开发了近7万种产品。现在，3M研发与创新中心平均每天研发新产品1.7个。在2020年席卷全球的新冠肺炎疫情中，3M生产的高品质的医护人员专用口罩，成为全球最紧俏的产品。

"3M公司取得成功的新产品，都至少被管理层否决过三次""领导也会犯错，在研发与创新过程中没有权威""不会因领导三次反对而轻易放弃"，这些都是过去百年3M研发历史上经常发生的事，也因此演化为3M研发与创新中心坚持的原则，而"没有失败这个词"则是3M公司研发与创新中心的核心理念和最重要的原则。围绕该原则，3M研发与创新中心鼓励员工要有不断试错的实验精神。他们提出诸多鼓励研发人员不怕失败、勇于探索的口号，例如，解决暂时失败产品的关键，在于要具有实验精神，乐于多做实验去寻找原因；不害怕犯错，愿意承担失败的结果；会改进手上的东西，实践动手能力；不害怕犯错，勇于挑战未知，具有实践精神；具备足够的技术能力，采用多种方法解决问题。3M研发与创新中心还特别看重"逆商"，即面对挫折、摆脱困境超越困难的能力。"善于遴选创新型人才""主动选择富有创造力的人才来激活创新""不招聘只有学术文凭却不善于解决问题的人"，这些是3M研发与创新中心的招聘原则。3M公司的面试官会给候选人一个提问的机会，比如：你有什么问题问3M公司？在3M公司的产品里，你最感兴趣的产品是什么，对该产品你有什么问题要问？

在激活组织创新能力上，3M公司鼓励公司员工不怕失败、勇于承担责任和敢于打破陈规,为此不断推广行之有效的机制,促使从意外中激发创新,推动技术向产品转化。其中最著名的是"15%规则",即每位员工在工作时可以把15%的时间用于"干私活",员工可以完全基于个人兴趣做一些尝试,不管这些尝试是否直接有利于公司。当员工产生了一个很有前景的构思时,可以直接与相关部门联系,看能否将该构思付诸实践。如果该构思的可行性通过评审,3M公司便会牵头成立一个由构思的提出者,以及来自生产、销售、营销和法律部门的志愿者组成的风险小组。该风险小组将与产品同进退,直到产品项目结束,小组成员才会回到各自原先的岗位上。3M公司的人力资源配置和薪酬体系都与创新相关联,即公司可以根据员工的创新发明情况,及其在创新产品中所起的作用,随时调整其岗位和薪酬。在3M公司,创新并非只关乎科研和技术人员,而是一件不分职能、与每个人都息息相关的事情。创造力和创新能力应该被区别对待,不应与业务中的其他领域混同,这是3M公司内部强调的重点。"15%规则"为创新提供了空间和自由度;推动创新人员配置机制、激励机制,则为创意向产品的转化提供了加速度。

1968年,3M公司的斯潘塞·西尔弗博士所在的研究小组,被要求研制一种更强力的黏合剂。经过无数次试验,他们制造出一种黏合剂,虽然其黏性还不如普通的黏合剂,但是这种新型黏合剂非常容易被剥离,剥离之后还可以反复使用,这就是后来风靡全球的便利贴。只是这款产品作为没有达到预期目标的失败产品,被管理层否决至少三次。直到一位工程师将它涂在书签的背面,解决了通常书签难以固定在书内、易掉落的问题。后来他又将黏性书签改造为便签,小小的便利贴在几年之内就成为办公室里的必需品。"真正给创新者支付工资的是消费者和客户,创新者需要自始至终保持沟通的也是消费者和客户,而非管理层",

这是在 3M 公司内部非常流行的一句话。

3M 公司研发与创新组织中没有"失败"这个词,只有不断地学习、获取经验和暂时未成功的说法。便利贴被欧美权威机构评为 20 世纪改变人类生活方式的十大发明之一。2014 年 5 月,3M 公司全球专利数累计突破 10 万,其中有大量全球首创的原创型发明。作为全球创新领域的领导者,有百年历史的 3M 公司始终把研发与创新视为企业发展的核心动力,并以客户为导向推出了一系列创新技术和产品。例如,"家庭主妇好帮手"旋风拖把、无痕挂钩、提高夜间道路行车安全的车身反光贴、道路反光标识、女性护肤用的吸油纸和痘痘贴、呵护宝宝的纸尿裤魔术搭扣、晶锐光学微附汽车隔热膜等。

3M 公司坚持以研发为核心的企业战略,持续将每年营业收入的 6% 用于研发相关的投入,每年在全球申请 3000 项专利。通过做深核心技术,3M 公司形成 46 个核心技术平台。此外,3M 公司还推动这 46 个核心技术平台进行交叉融合,并围绕这些技术开发了近 7 万种创新产品,以满足不同地区、不同客户的需要,把核心技术深度拓展应用到每个可能的产品领域。这些产品为 3M 公司带来了丰厚的利润,又进一步推动了 3M 公司的持续创新能力。3M 公司的产品净利率高达 17%,高于竞争者约 50%。

回首 3M 公司百年的历史,其令人惊叹的研发与创新业绩背后,是 3M 公司对"没有失败这个词"原则的坚持。3M 公司鼓励研发人员不惧怕失败、多方探索和尝试,招聘善于解决问题的人才。3M 公司通过激发员工自由创造的创新管理机制,让员工可以用"15%"的工作时间从事本职工作以外的创造,并给予激励。3M 公司让研发人才不受领导否定意见的影响，以及管理层级、汇报关系的束缚，直接面向客户和市场需求大胆创新。正是这些原则的持续贯彻实施，让 3M 得以与苹果、谷歌比肩，成为全球最具创新能力的企业之一。

三、在金融危机中逆势而上：IBM 实验室

中美贸易争端、全球新冠肺炎疫情等导致需求放缓，这给中国企业带来难以预测的风险。不少企业面临原材料断供的局面，有些则面临海外销售受阻的情况，有的行业被新的品类颠覆导致重新洗牌，有的行业出现价格剧烈震荡，还有的行业受到新政策的影响，例如，太阳能电池上网发电的补贴取消及新能源汽车补贴取消等。

企业一方面要面对业绩持续增长的压力，另一方面要防范外部环境中的各种风险，同时还要面对资金紧张、人才短缺、资源匮乏的挑战。行业的不可测风险，如中美贸易摩擦、房地产投资放缓、股市下跌、汇率波动等，会牵连大批企业。2018 年以来，中国汽车销量增速放缓，导致整个汽车产业链受到影响。多家车企的 2019 年财报显示，全年营业收入、净利润大幅下降。例如，某汽车零部件企业因资金链问题濒临破产，进而造成 14 家主机厂被迫停产。

人才紧缺、招聘难、人才成长慢、人才流失率高、企业内耗大且反应迟缓、竞争空前激烈、市场瞬息万变，这些切实存在的问题，压得中国企业喘不过气。内忧外患之际，企业怎样才能穿越生死线？

不妨回顾一下历史。1914 年，CTR（1924 年更名为 IBM）公司内部管理混乱、内耗严重，负债 400 万美元，业绩持续下滑。老沃森加入

CTR 后，迅速做出以下安排：延期分配公司的股息，贷款 4 万美元建立研发实验室。此后，第一次世界大战、全球大流感、美国经济危机相继袭来。1929 年，华尔街股市崩盘，至 1933 年，美国经济滑入低谷，失业率高达 1/4，1 万多家银行破产，绝大多数企业进入收缩通道。然而，老沃森却逆势而上，向银行贷款 100 万美元投入研发与创新。1932 年，IBM 创建了美国第一个现代化的企业研发中心，用以开展研发管理体系建设，以及更大规模的产品与技术研发。1929～1934 年的经济危机导致企业的收入停滞不前，但是无论形势多恶劣，IBM 在研发与创新（包括管理体系）上的投入却在不断加大，因此收获的专利技术成果远超竞争对手。1935 年，美国颁布《社会保障法案》，导致与社保相关的信息处理设备的大需求。当时，IBM 是唯一一家可以快速满足需求的公司。订单纷至沓来，IBM 一炮而红，公司规模扩大了两倍。可以看出，正是老沃森逆经济周期的大投入（技术人才、技术产品、发明专利），才使 IBM 能捕捉到历史性大机会。

经济危机就像一场对企业核心能力及竞争力的考试，IBM 考了高分。短短五年时间，IBM 的市场占有率达到 85.7%，销售收入翻番，利润是另外四家主要竞争对手的总和。从此，IBM 在美国企业界成为绝对的技术领导者，也成为美国最大的商用机器设备公司。

所有公司中，对整个信息技术产业推动最大的当属 IBM 公司。IBM 发明了"超级存储装置"（即硬盘），推出了世界上第一个高级计算机语言（Fortran），把计算机从电子管时代带入了晶体管时代，发明了关系型数据库。可以说，IBM 的历史就是 IT 的历史。

1950 年，美国空军准备实施"半自动地面防空工程"（SAGE）计划，IBM不失时机争取到该项目，并在此基础上着手研制一种在国防领域具有全用途的电子计算机，取名"国防计算机"，代号为"IBM 701"。小沃森选择麻省理工学院毕业的麦克道尔担任研发主管，"电脑之父"冯·诺伊曼作为技术顾问，并在之后几年中招聘了4000多名年轻工程师和技师。"国防计算机"项目耗资巨大，仅设计和制造"样机"就花了300万美元，整体投入的费用大概是1200万美元。这台计算机采用了当时全球最新技术——全真空管逻辑电路、磁芯存储器和磁带机，"原子弹之父"奥本海默称赞其是"对人类极端智慧的贡献"。

自IBM起，企业研发中心就成为IT产业的立身之本。1945年，老沃森在哥伦比亚大学的临时宿舍设立了IBM首个纯学术性实验室——沃森科学计算实验室，它很快就吸引了来自世界各地的顶尖年轻科学家，他们使用当时最先进的计算机分析原子裂变和月球轨道数据。该实验室打破了只有政府和教育学术机构设立纯学术性实验室的格局，加快了企业新产品的研发，推动了全社会的技术进步。从沃森科学计算实验室产生的创新研究有：动态随机存取存储器（DRAM）、硬盘技术、处理器技术、关系型数据库、计算机网络等。

位于硅谷的阿尔马登研究实验室是IBM全球规模第二大的研究中心，也是世界上第一个(1956年)磁盘存储器的诞生地。此外，灵活强大的关系型数据库也源自这里。该实验室在磁性数据存储、数据库和网络技术、纳米技术、量子信息、材料科学、化学和用户界面的研究方面多有建树。

1956年，IBM在瑞士苏黎世建立了美国本土以外的首个实验室，其最大亮点就是拥有多元化和跨学科的研究团体。该实验室诞生了不少杰出的科研成果，其中扫描隧道电子显微镜和高温超导的发现，使其在

1986年和1987年获得多项诺贝尔物理学奖。其他突出的创新领域有：网格编码调制，它彻底颠覆了通过电话线进行数据传输的方式；令牌，IBM一项非常成功的独创技术，成为局域网标准；安全电子交易（SET），一种具有高安全性的支付标准；以及智能Java Card技术。IBM苏黎世实验室在基础研究、探索和建立创新产业方面卓有建树，如激光科学与技术、半导体激光器、光学储存、光电材料、分子束外延等。这些让IBM能始终走在世界前列。

IBM的托马斯·沃森研究中心是IBM研究实验室的总部，建于1961年，负责管理分布在6个国家的其他8个实验室。该研究中心主要侧重于硬件（物理科学中的探索性工作，如半导体和系统技术）、软件（包括安全、编程、数学、语音技术等不同领域）和其他服务领域的研究。

IBM的奥斯汀实验室主要侧重于高速微处理器方面的研究，支持高性能和复杂微体系架构的高速电路系列和电脑辅助工具的设计，以及高性能/低功耗超大规模集成电路（VLSI）设计、系统功耗分析、开发新系统架构等领域。这些作为IBM低功耗研究计划的组成部分，能够将低功耗和能源效率有机结合起来，使能源得以合理利用和开发。

IBM在基础科学领域的创新和应用研究成果，离不开在其背后默默无闻工作的IBM研发中心实验室。IBM研发中心实验室的主要研究活动包括创新材料与结构的发明，高效能微处理器及电脑、分析方法与工具、算法、软件架构、管理方法从资料进行搜寻并探知意向。计算机历史上著名的科技发展也大多出自IBM研发中心，如DES（Data Encryption Standard）加密演算、计算机程序语言FORTRAN（Formula Translation System）、本华·曼德博提出的分形（Fractal）、磁性碟片储存（硬盘）、用单一晶体管即可记忆一个比特的动态 RAM（Dynamic Random Access Memory）、精简指令集电脑（RISC）架构，以及关系型数据库等。IBM 研发中心在物理科学上也有所贡献，包括扫描隧道显微镜以及高温超导等。

这个从商业打字机起步的"蓝色巨人"，受益于其最重视的研发管理建设，乘风破浪穿越百年，成为世界上拥有专利最多的企业之一。不断革新的研发与创新管理体系带领 IBM 在技术尖端翻云覆雨。2017 年，IBM 申请了 9043 项专利，其中 1400 项与人工智能相关，1900 项与云计算相关，1200 项与网络安全相关，IBM 成功转型为一家认知计算和云平台公司。2018 年，IBM 成为全球著名的企业区块链解决方案和服务企业。

只有国际一流的研发管理体系，才能确保企业超越个人能力持续不断地创造出国际领先的产品，跨越行业发展周期，在更新迭代中华丽转身。

四、安卓：从最失败到最成功的研发项目

研发只要启动，就会有结果，无论是阶段性成果还是最终成果，从这点来看，并没有绝对的失败。比如安卓的诞生，可谓史上最著名的研发失败项目。

2003 年，安卓是由安迪·鲁宾等四位颇具科技成就的工程师在硅谷创建，开发这个系统的初衷是创建一个数码相机的先进操作系统。2004 年 4 月，安迪·鲁宾向投资者介绍安卓时，还曾反复强调安卓对数码相机市场的意义。但是，他们埋头苦干了 5 个月后，却发现数码相机

操作系统的市场需求不够大，于是停掉了项目。当时美国的Palm、黑莓、Windows Mobile等智能手机已经崭露头角，而且价格昂贵。于是安迪·鲁宾又花了5个月修改安卓的代码，使之能与塞班系统以及微软的Windows系统相竞争。现在看来，这是一个非常有价值的转变，它看准了智能手机的广阔市场。但是，当时的安卓系统一直处于既无市场销售成果又需要持续投入的尴尬境地。直到2005年被谷歌以5000万美元收购时，安卓系统也不能算是一个非常成功的商业项目。谷歌当时的收购是出于技术和人才储备以及防守微软的意图，并非预见了其后续产生的巨大商业价值。

2007年，苹果推出智能手机iPhone，开创了全球智能手机的新时代。2007年11月5日，谷歌联合84家硬件制造商、软件开发商和电信运营商成立开放手持设备联盟（OHA）来共同研发改良安卓系统，成员包括HTC、摩托罗拉、三星等。随后，谷歌以Apache免费开放源代码许可证的授权方式，发布了安卓的源代码。虽然安卓软件没有销售出一分钱，但是开放源代码加速了安卓的快速普及，安卓智能手机迅速风靡全球，远远超过了苹果或微软等其他封闭式操作系统的市场份额。2017年，采用安卓操作系统的全球网络流量和设备超越保持30年第一的微软Windows，正式成为全球第一大操作系统，全球有20多亿台智能手机安装了安卓操作系统。

如何评价安卓这个免费开源的、具有谷歌和典型硅谷风格的研发项目？如何评价其商业价值？谷歌花5000万美元收购安卓系统，并没有直接销售，而是运用免费开源的方式，迅速占领全球80%～90%的智能手机市场，用户达十几亿，并吸引超过40万开发人员在其上搭建应用程序，谷歌再通过广告、应用、授权及付费内容等方式赚钱，年收入达 30 亿美元。截至 2019 年，安卓系统的下载量已超过 100 亿次。安卓系统带给谷歌的市值增长和间接收益（应用分成、广告等）以千亿美元计。这也许是推动谷歌母公司继续大手笔支持 X 实验室，支持天马行空研发创新项目的原因。

先赚到钱再投入研发与创新，还是先开展研发与创新再赚钱？这个问题就像先有鸡还是先有蛋一样，令人困惑。企业界有句俗话：领先一步是先驱，领先三步成先烈。但是从谷歌来看，一个开拓性创新的成功带来的收益是难以估量的。因此，谷歌设立 X 实验室就是一个创举。为了从 0 到 1 的开拓性创新，冒着 99% 的项目都成先烈的高风险，每年坚持投入几十亿美元，这是谷歌长期保持技术、商业模式、利润超前的原因。

五、日本：百年以上企业超过 3.5 万家

卓越企业的业务类型都清晰而简单。它们通过扎根于确定的核心领域，聚焦细分市场，进行研发与创新投入，以获得持续发展的动力和核心竞争力。通过投资研发与创新管理体系，加快规模化创新，进而加强企业的核心竞争力，这个进程使企业在瞬息万变的外围环境中实现持续增长，立于不败之地。

环顾日本企业的外部环境可以看出，它们曾经受困于日美贸易战、日本经济放缓、日元升值等，这些都是导致海内外市场严重萎缩等诸多不利影响。那么这些企业在百年浪潮中做出了哪些创新性改变呢？

2019 年 5 月，IC Insights 发布 2019 年第一季度全球半导体市场报告，

TOP 15 名单中业绩增长的只有两家企业，其中索尼第一季度营收 17.5 亿美元，同比增长 14%，排名上升到第 15 位。2019 年 7 月，《财富》世界 500 强排行榜发布，索尼位列第 116 位。在大家对索尼的印象还停留在索尼随身听、索尼彩电、索尼手机时，索尼已悄然成为位居全球前列的芯片半导体企业。

那个曾经以胶卷而闻名于世的富士，已经成功转变为一家人工智能（AI）领域的创新企业。2017 财年，医疗健康业务占富士集团总体业务的比重约为 18%，涉及医疗系统、生命科学、医药品、再生医学等，2019 财年的总销售额达到 484 亿元人民币。富士集团在 2016 年就发布了人工智能在医疗健康领域的解决方案。通过完善图像识别算法、计算机辅助检测和诊断成像工作流程，与各种医疗保健机构合作创建开放式平台，从而将人工功能与其成像技术相结合。富士还于 2016 年 9 月全面投产了采用人工智能和物联网（IoT）技术实现生产效率大幅提高的生产内窥镜医疗产品的智能工厂。通过让人工智能学习经验丰富的技术人员在目视检查中判断内窥镜图像的标准，帮助实现图像检查过程的自动化，显著缩减检查步骤。如今的富士以医疗健康领域的人工智能解决方案而闻名，医疗健康的销售收入已占其中国区整体收入的 40%。

不需要电池，基于 FRAM RFID 的创新无源解决方案让产品实现自给能源，更加环保，更易于防水加工制造生产，该创新技术的目标是要减少和避免在一些应用场景下对电池的依赖，可以将无线信号通过电磁转换为电能，除了内部供电，还能将多余能量提供给外挂元器件。可以无线供电从而省掉电池，如此神奇的创新技术，居然来自百年企业富士通。很多人对富士通的印象还停留在 20 世纪 90 年代，那时富士通研发生产电话通信设备。如今的富士通半导体积极投入物联网市场的开拓，利用

FRAM 的低功耗、高速写入、放射线耐性等特点研发独具特色的 FRAM RFID 芯片，面向工厂自动化（FA）、生化、医疗放射线杀菌、嵌入式电子设备等领域提供创新的应用解决方案。

创业之初的欧姆龙是做电熨斗的，如今的欧姆龙除了是大家熟悉的数字血压计、电子体温计、电子血糖计的第一品牌，还是世界一流的元器件企业，拥有继电器、开关、连接器、传感器等产品。此外，欧姆龙还是全球知名的电气解决方案提供商、自动化控制及电子设备制造商，生产车站自动售检票系统、工业机器人、癌细胞自动诊断等一系列设备系统。

富士胶片市场受到手机的严重冲击，但富士将胶片时代积累的核心技术——胶原蛋白技术、抗氧化技术、纳米技术衍生到皮肤和个人健康护理领域，开发出消费者喜爱的化妆品。如果没有富士集团持续不断地在核心技术基础研发上的坚持，与时俱进地跨领域创新谈何容易。

日本企业依靠研发与创新，不断脱胎换骨，超越时代和经济周期，值得我们反思和学习。日本百年企业超过 3.5 万家，它们历经风雨，如两次经济危机、两次世界大战、日美贸易战等，但研发与创新始终是企业的核心追求，这是日本企业渡过各种危机的法宝。

我们期望在一个外部急剧变化和充满不确定性的环境下，企业仍能屹立不倒，那么就需要重新审视研发与创新管理体系。我很高兴能看到，在美国对中国出口的部分科技产品加征 25% 进口关税的情况下，本人咨询顾问后的企业成功登陆美国市场，实现突围。在研发与创新管理咨询顾问外部智力帮助下，企业更容易实现改变，适应环境变化，这也是企业面临的最迫切挑战。

"当我年轻的时候，我的想象力从没有受到过限制，我梦想改变这个世界；当我成熟以后，我发现我不能够改变这个世界，我将目光缩短些，决定只改变我的国家；当我进入暮年后，我发现我不能改变我的国家，我的最后愿望仅仅是改变一下我的家庭，可是这也不可能。当我躺在床上，行将就木时，我突然意识到：如果一开始我仅仅去改变自己，然后作为一个榜样，我可能改变我的家庭；在家人的帮助和鼓励下，我可能为国家做一些事情。然后谁知道呢？说不定，我能改变这个世界！"在英国威斯敏斯特教堂的墓碑林中，有一块全世界著名的无名碑，上面刻有影响南非总统曼德拉一生的墓志铭。它提示了勇于改变自己，脚踏实地从改变自己的观念、理念开始行动的重大意义。企业在面临重大挑战面前，要多从研发与创新的角度审视自己，只有加强研发与创新能力，才能适应变化的世界。

小结

对待研发与创新失败的态度，决定了企业创新的可持续性。领导也会犯错，在研发与创新过程中没有权威。百年企业3M坚持研发与创新"没有失败这个词"，因此成为全球最具创新能力的企业之一。所有企业都在收缩之际，IBM却逆势而上，孤注一掷地投入巨资进行研发与创新，在美国经济大萧条时期，确立了其在美国企业界的绝对技术领导地位。谷歌X实验室的失败率极高，大量的项目并没能实现其初衷，但是研发从来都是能够触类旁通的，"失败项目"也可以成为绝地反击的突破口。日本百年企业超过3.5万家，它们始终坚持将研发与创新作为企业的核心追求，这是日本企业渡过各种危机的法宝。

RESEARCH
AND
INNOVATION

第三章

最重要的发明：提高研发与
创新效率和含金量的流程

导 言

美国科技企业在研发与创新管理体系的驱动下，其知识产权和科技产品已具有全球垄断性，日本科技企业则正牢牢占据着半导体产业链的上游。一些企业想通过大并购实现弯道超车，但历史数据显示，大并购并不能实现业务的持续增长和企业的持久发展。系统化、体系化地建设研发与创新管理体系，常常能帮助企业控制和战胜"灰犀牛"和"黑天鹅"，使企业获得新生。例如，华为刮骨疗毒，从外部高薪聘请管理咨询顾问帮助企业推行 IPD，历经五载，最终实现管理的大幅提升。

一、中国研发创新管理能力与美国的差距远远大于芯片的差距

2018年4月，美国商务部禁止美国公司向中兴通讯销售元器件，引起轰动，这也让很多国人看到一个事实：中国进口金额最多的物品，并不是石油，而是芯片。中兴通讯是全球第四大通信设备供应商，拥有3万名科技人才、上万项专利。2016年，中兴通讯的国际专利申请量位列全球第一，比华为还多。

不过，从创新管理的角度看，中兴通讯远逊于华为。其业绩主要依赖运营商的传统业务，还没有实现新业务的"平稳着陆"。2017年，华为的研发费用是中兴通讯的近7倍，销售收入是中兴通讯的近6倍，净利润则超过10倍。2019年，华为的销售收入比中兴通讯高7000多亿元。

中兴通讯事件残酷地揭开了中国科技企业的本相——大而不强，这也是中国企业特别脆弱的主要原因之一。

还是以手机企业为例。很多人耳熟能详的金立，曾经是中国手机行业的冠军。遗憾的是，它没有及早建设研发与创新体系，长期靠营销吃饭。资金充裕时的金立，不断在兴建高楼大厦、产业园和入股金融企业

上加码。2017年年底，因为产品创新乏力，金立大赌全面屏，一口气连推出八款全面屏手机，但都没有得到市场的认可。最终，金立的资金链断裂，元气大伤。堂堂百亿级企业，在短短一年内便坠落到被宣布破产的境地。

中美科技面临的"脱钩"风险，这使中国企业客观地看到了差距。美国科技企业在研发与创新管理体系的驱动下，知识产权和科技产品几乎有垄断之势。

例如，全球手机操作系统几乎被谷歌的安卓和苹果的IOS垄断。2018年，在公有云平台使用方面，亚马逊、微软、谷歌、IBM、VMware、甲骨文分别占据全球第一到第六的位置。2019年10月，谷歌表示已打造出第一台量子计算机，仅用3分20秒，就完成了美国能源部超级计算机Summit需要花费1万年才能完成的计算，实现了所谓的"量子霸权"。

再看看日本。2019年7月，日本经济产业省宣布将对向韩国出口的"氟聚酰亚胺、光刻胶、高纯度氟化氢"三种半导体材料实施出口管制。这要引起我们对低调潜行的日本科技实力的重新评估。氟聚酰亚胺是生产OLED屏的重要材料，光刻胶在半导体生产中必不可少。可以看到，日本科技企业在半导体产业链的上游占据绝对优势，而这只是日本科技实力的一个缩影。

中国企业的差距，源于研发与创新管理体系的落后，它比某个产品落后的影响面更大、更深远。没有科学的研发与创新管理体系，即使乔布斯和张小龙式的人才，也难发挥作用。

不少中国企业总觉得花大力气打造研发与创新管理体系，太慢、风险太大，不如直接挖竞争对手的人才，或者在现有业务上小修小改。还有的企业浅尝辄止，研发与创新管理体系刚建了一点点，就开始止步不前。它们认为，不需要巨大的投入，曾经的成功就可以持续，曾经的商业模式还行之有效。这些都是导致大多数企业渐渐落后于时代，并丧失竞争力的重要原因。

知名国外科技企业投入研发与创新管理体系的费用占其销售收入的2%以上，技术研发的费用占销售收入10%以上。多数中国企业在这两项上无实质性投入，这也导致企业根本没有护城河。当竞争对手骤然闯入时，多数企业毫无还手之力；当行业性危机发生时，企业又缺少新引擎去拉动转型升级，最终完全丧失竞争优势。

研发与创新管理体系是检验企业是否具有管理基础的试金石。创新不依赖于资本的堆积，也不依赖于少数天才。即使过去积累了少数专利技术，也不能保证始终领先于赛道。近几年倒下的巨头恰能说明这些问题。唯有在与时俱进的体系化建设中，创新才能结出累累硕果。

在这个行业颠覆频频发生的年代，没有坚实的研发与创新体系，企业就容易成为无根之草，随风消逝。企业须时刻保持警惕状态，因为企业将长期面临不确定性。研发与创新管理体系能帮助企业控制风险并战胜"灰犀牛"和"黑天鹅"，使企业获得新生。例如，德国拜耳历经两次世界大战和1918年西班牙大流感后涅槃重生；IBM、杜邦平稳渡过20世纪20年代的经济大萧条和2008年的金融危机；日本有上万家企业渡过各种经济动荡和战争、地震带来的危机。

美国对中国企业断供芯片，可谓"一剑封喉"，同时暴露出中国科技企业与美国的巨大差距。美国在战略新技术领域及其知识产权和科技产品已具有全球垄断性，而日本科技企业在半导体产业链的上游、半导体生产设备等战略技术领域占据绝对优势。导致差距的原因是中国企业普遍对研发与管理体系的建设不够重视，投入低。研发与创新管理体系给企业带来的变化，不是疾风劲雨，而是静水潜流，让企业可以依靠不断创新实现持续增长，给企业带来长远的可持续发展的生命力。

二、IPD 可以统一企业各部门参与开发的流程

很多公司没有统一的以结果为导向的产品开发流程，普遍存在的现象是流程缺失，或者不规范、不统一、不并行。例如，采购部、硬件部、软件部、结构设计部、市场部等各自为政设立部门流程。在这样的公司环境中，工程师执行开发任务就如同进入层层设卡的迷宫，在通关中精力消耗殆尽。1992 年，蓝色巨人 IBM 罹患了严重的大公司病，陷入创始以来最严重的财务危机——销售收入停止增长，利润急剧下滑。其本质原因是研发效率低下，巨大的研发投入未能转换成有竞争力的产品，面对风起云涌的竞争对手反应迟钝。随后，IBM 公司与提出了 PACE（产品及周期优化法）的 PRTM 公司进行了深入交流，收获较多新的研发管理思想，组建了由各个部门优秀主管组成的执行团队，开启产品研发执行流程的重组，后称其为"集成产品开发（IPD）流程"。该流程显著缩短了产品研发周期，进一步提升了产品质量，人均产出大幅提高。

1997 年，华为的各种机制如同一团乱麻。华为中央研究院拥有超过 3000 名的研发工程师，同时开展的研发项目有数百个。由于同时开发的产品太多，导致时间进度难以得到有效控制。全员长期加班让研发团队整体效率低下，智力资源浪费惊人。虽然各个部门都在支持产品开发，

但是缺乏对产品开发的统一认知，也缺乏统一的流程；领导严重干涉，因各种原因打乱研发计划的事情频频发生；大部分项目得不到资源保障，研发工作徒劳无功。痛定思痛，华为花五年的时间，支付数亿美元咨询费，从IBM引入IPD流程。随后，在整个公司统一了流程、统一了认识，所有部门形成一个整体来支持研发。IPD看似简明，但大多数企业推行起来困难重重，原因是它会触动部门利益。华为引进IPD流程初期步履维艰。一方面是公司内部人才济济，反对声此起彼伏，理由多如牛毛；另一方面是职能部门的反对，如领导不愿放弃对资源的支配权、事情的决策权，这方面的反对声尤其大。反对者找出的理由包括，IBM是做PC消费品的，是B2C企业，华为是做网络设备的，是B2B企业，两个行业差距太大；IBM是美国公司，华为是中国公司，国情不同；IBM有20万人，华为只有不到4000名工程师，规模相差甚远。总之，每个部门都找出充足的反对理由。但华为高层决意刮骨疗毒，从外部高薪聘请管理咨询顾问帮助推行IPD，甚至不惜"削足适履"，让多个部门的负责人下岗，推开阻碍发展的"聪明人"，建立以结果为导向、统一驱动各部门通力合作的机制，即"IPD流程"，最终实现管理的大幅提升。

IPD流程最终在华为得以成功运作，实现统一各部门步调来支持产品开发任务，确保了产品开发的进度和质量。

我在做管理咨询期间，目睹A企业花了5000万元从日本引进一整套先进的设备，但由于研发能力不足，无法提供设备运行所需的技术，最终沦为摆设。还有B企业，老板为了降成本和及时应对市场需求，一次性采购了上亿元的物料，但因为研发方案发生改变，这批物料最终成为呆滞库存，不得不按废品处理。还有很多企业经常因标错尺寸而造成物料的浪费。这说明，不仅在研发型企业，就是在纯生产制造企业，研发也处于企业的核心位置，企业需要以产品开发为龙头整合各部门的资源，发挥各职能部门的作用，实现最高效率。

推行 IPD 流程有三个基本前提。

（1）以专业技能分工的职能部门组成资源部门。资源部门需要以产品开发任务为导向，重新组织资源、培养技能，以支持项目组的发展。有的企业虽然年销售收入过亿元，但未能发展起专业化的销售团队，老板是最大的销售员。许多企业极度缺乏软件工程师，一两位软件工程师同时支持十多个开发项目。诸如此类的资源匮乏无法支撑并运作一个统一的流程。

（2）有效的产品管理。有的企业就是一个大项目组，老板是事实上的项目经理和高级客户，产品经理形同虚设，基本不存在产品管理。即便公司只有客户的定制开发业务，也需要建立起有效的产品管理体系。

（3）明确的责任和授权体系。IPD 对企业的最大改变是，项目需按流程推动，跨部门的管理执行团队具有对日常运作的快速决策权。很多企业已有两三百位工程师的规模，但仍然奉行"老板一人决策，万人执行"的模式，这样的企业很难推行 IPD。

在 IPD 流程中，跨部门团队可以支配项目所涉及的所有资源。跨部门团队按开发流程的关口评审要求，在各个开发节点直接向高级管理团队汇报。高级管理团队需要为其提供充足的资源支持，充分授权其日常经营决策权。领导发表意见仅限于在按流程要求的评审会议上，这样可以避免在评审会议外干涉日常的产品开发计划和决策。

IPD 的核心思想有以下几个。

（1）产品开发是投资行为。从立项到开发，过程中的所有管控都需要财务数据来支持，以利润为产品开发的目标。通过投资预算对产品开发进行分阶段投资管控，确保对阶段性的技术、市场及财务指标了然于心，避免出现项目与市场背道而驰的现象，否则将造成人力、物力、资金的重大浪费。要对产品的投入、产出、利润、市场占有率、市场增长率这些关键指标的测算和控制，贯穿于整个产品研发过程。

（2）基于市场的创新。不仅要坚持以客户需求导向，还要随时关注竞争对手的动态和行业的变化趋势，在产品开发过程中能针对客户需求的变化，迅速组织整个公司的资源进行响应。销售人员与市场人员要参与产品研发的整个过程，而不是让研发部"闭门造车"。

（3）基于产品平台的异步开发模式和重用策略。在产品开发立项前，须具备产品平台的规划与开发成果。边开发边解决技术难题，会导致项目进度失控。

（4）技术开发与产品开发分离。技术规划与开发是产品开发的基础，需要提前开展。

（5）跨部门协作。组建所有职能部门都有代表参与的跨部门团队，跨部门团队实施明确的产品开发任务，这样可以令整个公司的资源得到合理配置和步调一致，并实现协同效应。产品研发团队中各职能部门的人员构成的职责和工作重点各不相同，并由一个负责人来统一领导，以加强工作中的协同，减少各种扯皮现象。产品研发团队要为产品的最终市场结果和财务指标负责。

（6）结构化的并行开发流程。所有部门都只围绕 IPD 流程来组织运作，因此开发任务一旦启动，所有部门就要同步参与。职能部门为产品开发任务提供充足的资源保障，包括所需的费用、人员、物料和设备等。

（7）产品线与能力线并重。既强调产品线的产品管理，又强调职能部门围绕产品规划建立能力培养机制。职能部门从为事负责转向为人员和资源保障负责，包括人员到位、人员的技术水平保障和持续培养。

（8）职业化人才梯队建设。不仅产品经理和项目经理，参与到产品开发任务中的各个职能部门的人员，都需要主动进行人才梯队建设。华为 1999 年正式启动 IPD 流程，经过 20 年的实践，已成为华为研发的重要流程，让华为在产品开发周期、产品质量、成本、响应客户需求、产品综合竞争力上得到了根本性的改善。华为也成功地从依赖个人英雄转变为依靠管理制度，完成了公司快速发展和规模的国际化扩张。

当然，IPD 不是百试百灵的灵丹妙药。IPD 在 IBM 和华为取得巨大成功的基础是它们本身就拥有完整且全面的研发与创新管理体系及人才资源建设体系。IPD 是研发与创新的重要流程体系，但并非单纯依靠 IPD 就可以取得产品研发的胜利。很多中国企业忽视了这一点，把 IPD 理解为各部门坐在一起开会，最终运作成像 ISO9000 质量管理体系那样成为摆设，变成只是"走形式"而难以取得成效。

三、企业增长很少能靠大并购一步实现

2018 年，曾代表美国经济的百年企业通用电气，被剔除出道琼斯工业指数成分股。原因是通用电气转型缓慢，被投资者看衰，近一年股价

大跌 50%。同时，美国经济已经发生结构性改变，消费、金融、医疗和科技在经济中的占比与日俱增，而通用电气所在工业板块对整体经济的作用相对减弱。

通用电气成立于 1892 年，由电力行业的前两大公司合并而成。一家是由失败了 999 次（一年内试验了 1600 种耐热材料和 6000 种植物纤维）却因坚持再做一次而发明了电灯的爱迪生创立。爱迪生不仅发明了白炽灯，还带领团队成功研制出了直流发电机。另一家是美国最早涉足交流电的公司。在 J.P. 摩根的推动下，两家公司合并。通用电气首任总裁查尔斯·科芬以大胆推动行业和技术革新著称，并掌舵通用电气 20 年。

1900 年，通用电气成立了美国工业界第一个基础研究实验室。经过 7 年发展，该实验室的研究人员已达 300 位。实验室注重建立科学的研发管理体系，避免单打独斗的个人英雄主义，避免靠试错的方法进行发明。这使得通用电气的研发成果源源不断，支撑了企业在电力行业的百年发展。

然而，从 1990 年开始，通用电气在杰克·韦尔奇主导下，历经 10 年，以每月不止一件并购案的速度，完成 170 多起并购。随后，通用电气的市值成功扩大到原来的 10 倍，成为当时风行的多元化集团公司。这家集团公司的业务包括科技、媒体、金融、房地产等，庞大臃肿且完全看不到"肌肉"在哪里。著名投资家巴菲特曾感慨：这是一家"搞不懂做什么的公司"。通用电气这个巨人已经脱离初始轨道，不再以先人一步的技术创新精神为驱动，丧失了科技创新的领导者地位，主营业务模糊不清。2000 年，通用电气金融为集团贡献了近 50% 的净利润。2007 年，通用电气金融的年销售收入的 48% 来自消费者金融业务和房产业务，两者贡献了净利润的 30%。通用电气金融实际上成为美国第七大银行。这也导致通用电气在世界 500 强的分类里，被归为多元化金融公司而非工业企业。

以金融为公司主导业务的 20 年中，通用电气的业绩从高速增长到增速不断下降。2008 年金融危机爆发，金融服务成为集团中亏损最大、负债最高的业务，远大于工业板块给集团带来的波动和损失。通用电气走到了不得不进行业务剥离的时刻。2006 年，通用电气将旗下的安裕再保险公司卖给了瑞士再保险公司；2009 年，将媒体和娱乐子公司 NBC 环球卖给了康卡斯特。2015 年，通用电气金融服务的回报率仅有 6%～7%，而工业业务的回报率为 17%～18%，因此其宣布退出金融计划，在两年内完成 2000 亿美元的瘦身计划。2016 年，通用电气将家电业务卖给海尔集团。截至目前，通用电气已经或即将退出的领域达十多个，未来将聚焦可再生能源、电力和航空三大业务。这种"从哪里来又回到哪里去"的结局给热衷于大而全的中国企业带来警示。中国上市公司热衷于取得银行、金融和保险牌照，同时还要拥有互联网支付和互联网金融牌照，可以说中国上市公司走上了"搞不懂做什么"的老路。目前，所谓的集科技、媒体、金融、地产等多元化业务于一身的中国集团型企业比比皆是。还有些企业热衷追逐风口概念，或者通过投资并购获得新业务和新市场的增长。更有的企业痴迷于金融或地产的暴利，贪图监管缺失带来的高额投机利润。这些行为都容易使企业失去内生成长性和长期获利能力，成为大而不强的企业。

很多寄希望于资产叠加（1+1>2）的企业，在大手笔并购后，通过资产叠加术，扩展金融、房地产来掩饰主营业务竞争力弱、获利能力不强的状况，最终都走上了通用电气的老路。

2015～2017年4月，海航集团在全球的并购金额超过400亿美元，约合人民币2600亿元。通过大量的海内外并购，海航集团迅速成为集航空、酒店、旅游、金融、科技等多业态的世界500强企业。其中，海航集团主业所占比例不足集团的40%。但持续到2018年，海航集团已承受不了虚胖之重，仅上半年就出售1000亿元资产用以缓解财务压力。2019年上半年，海航集团总负债超过7000亿元，亏损35.2亿元。2020年，疫情冲击下，海航集团走在破产的边缘。

贝恩资本连续15年追踪各大企业并购交易的回报，从中获悉：进行大规模并购的企业，市场表现并不如预期。几乎任何其他战略都胜过这些"大赌注"并购。有数据显示，大型并购仅为股东创造4.4%的年度总回报，而维持原状甚至可能带来5.7%的回报率。这意味着，不进行任何并购的企业业绩都可能胜过开展大规模并购的企业。蛇吞象后蛇变不成象。

只有研发与创新带来的内生性增长才能真正让企业做大做强，绝大多数时候，并购带来的只是表面上的速成，百年企业通用电气为此交了不菲的学费。失去研发与创新的领先性，企业的核心竞争力会被极大削弱，当遇到金融危机等外部环境巨变时，就会立即陷入破产边缘。因此，热衷于运用资产叠加术的企业要引以为鉴。

四、开拓性创新才能带来颠覆行业的蓝海

2017年苹果秋季新品发布会展示了拥有众多领先技术的iPhone X智能手机，但发布会上最亮眼的产品是令人耳目一新的苹果手表。随后，智能手表扛起了苹果的销量和业绩增长的大旗。

在发布会现场，苹果花费相当长的时间展示该手表强大的语音通话功能。场内听众可以清晰地听到、看到一个在海边佩戴该手表的人一边划桨，一边自如地与场内人员对话，讲话时手臂并没有靠近口部，声音清晰无噪声。这像极了"007"拥有的那只可以进行通话和导航的手表，这让人们在惊喜中感觉梦想照进了现实。

苹果这款智能手表可以完成智能手机的绝大多数功能，如移动支付、导航、微信、听音乐、接收信息等，还增加了支持多种运动模式和对健康检测的功能，这些将会令消费者对它更加青睐。

苹果手表将开创了一个新时代，即智能手表将成为消费者时刻携带的通信工具。在推出新功能上，苹果虽然很难做到全球首发，但通常也不会晚于竞争对手一年，苹果会在功能、性能和用户体验上进一步深化，以实现后发制人。

自苹果之后，华为、三星先后推出具有健康管理、通话、支付等功能的智能手表，智能手机行业的颠覆性改变悄然而至。智能手机厂家的竞争焦点不只在屏幕越大越好，是否搭载人工智能芯片，如何变得更小，成为可穿戴产品，更是商家必争之地。这种带通话功能、导航及多媒体交互能力的小屏智能终端（即智能手表），已成为新的蓝海。做小比做大更难，因此，苹果自主研发了智能手表的芯片，以实现智能手表既具备多种功能又外观小巧。

苹果手表 Apple Watch 3 外观和前两代没太大变化，但在配置方面进行了全面提升。苹果为智能手表开发的全新双核处理器性能提升 75%，并内置了 W2 芯片，连接方式比 Wi-Fi 快 85%，功能强大 50%；此外，还内置了更多检测功能，甚至可以支持滑雪等应用程序；增加了蜂窝数据功能，通过内置的麦克风可直接通过手表拨打电话，手机号与 Apple Watch 实时同步。

智能手表已成为苹果带来新的市场增长空间的重要产品线，苹果也通过在智能手表领域开展开拓性创新，推动技术竞争。在每 1 毫米大小可实现的功能和稳定性，都体现了更高阶的技术竞争能力。苹果的每一种新产品都具备主动颠覆另一种苹果产品的进取心。具有大容量音乐播放的智能手机 iPhone 是对曾有过亿销量的音乐播放器 iPod 的替代；具有视频播放的平板 iPad 则直接终结了定位于视频播放的 iTouch；苹果手表 Apple Watch 也是直接替代了苹果智能手机的部分功能。新发布的 Apple Watch 3 不用单独管理电话号码，用户通过苹果手表可以听到 4000 万首歌曲。对于不打游戏和不需要时时用大屏多媒体的用户而言，Apple Watch 3 可在很多应用场景下替代 iPhone。用户可直接购买 Apple Watch 3，以体验张开双臂自由通信的快乐，而不是继续花 1000 多美元购买新的 iPhone X。

Apple Watch 3 的价格比智能手表更有优势，非蜂窝数据版售价为 2588 元起，蜂窝数据版售价为 3188 元起。这种价格已是市场上中端智能手机的价格，其他厂家智能手表的价格对此望尘莫及。2017 年以来，苹果智能手表的年销售量超过 1500 万只。

自第二代产品发布以来，2017 年 Apple Watch 的销量同比增长了 50%，已超过劳力士成为全球销量第一的手表。Apple Watch 在 2019 年全球的出货量为 3070 万只，而同期整个瑞士品牌手表的销量为 2110 万只。也就是说，Apple Watch 在 2019 年的销量超过了整个瑞士手表行业的销量。

在苹果刚推出智能手表之际，瑞士手表商曾对有关苹果冲击瑞士手表的言论嗤之以鼻,他们称:"手表是社会地位的重要象征,苹果手表对我们没有任何威胁,没有哪家手表商会害怕一个戴在手腕上的电脑。"

瑞士手表制造商错误地估计了消费者对流行和时尚的定义,科技元素已不可逆转地成为时尚行业的颠覆性因素。技术的飞速发展将手机和电脑的功能可以装入一个方寸大的手表,使之功能强大而又不失优雅。Apple Watch 3 有 GPS、GPS+LTE(可打电话)两种版本可选,四款系列 Apple Watch Nike+(耐克运动版,新增语音教练的功能)、Apple Watch Hermès(爱马仕版)、Apple Watch Edition(土豪奢华版)。其中 Apple Watch GPS 版拥有银色铝金属+云雾灰色、金色铝金属+粉砂色、深空灰铝金属+灰色、深空灰铝金属+黑色四种运动型表带配色可选。GPS+LTE 版则拥有银色铝金属+雾灰色等 11 种配色,并分别配套不同材质。

苹果重新定义了手表,并颠覆了中高端手表行业。可以说,苹果是通过颠覆自身来实现一次又一次凤凰涅槃的,最终它将智能终端产品的竞争和发展带出了"圈",并"圈"下了新领地。这一轻薄的拥有强大功能芯片和传感技术的超薄手表,浓缩并超越了大块头智能手机。

苹果领航的智能手表,使传统手表遭遇行业性的颠覆和洗牌。颠覆来势汹汹,让对手毫无还手之力。开拓性创新为顾客创造了更多显而易见的价值,如果价格策略选择高性价比,市场扩张势在必行。

随着研发与创新管理体系带来的高效,更多开拓性创新是由像苹果这样的科技巨头主动引领的。每年全世界涌现的新产品很多,但失败的产品也很多。市场调研公司尼尔森在 2012~2016 年共评估了 2 万多种创新产品,并连续发布年度《全球突破性创新报告》。其中,只有 92 种产品的首年销售额超过了 5000 万美元,并且在第二年销量没有大幅下降。

企业唯有掌握多项核心技术，才能组合创新出大量差异性，进而触发真正的开拓性创新。手机领域曾经出现大量山寨技术，例如，在手机外贴一层太阳能电池薄膜，就能在烛光下充电的太阳能手机等。这些奇思妙想最终未能开拓出一个新行业，原因在于缺乏像苹果一样的核心技术体系。

"创新地图"㊀将创新分为技术变革和商业模式变革两大维度，并在此基础上将创新活动归为四种类型。

（1）常规性创新。常规性创新通常在企业现有技术条件、商业模式和客户群的基础上进行。大部分企业有80%以上的创新是常规性创新。例如，英特尔公司不断推出性能更强的微处理器，保持了40年的增长和较高利润水平。微软Windows操作系统也是如此。

（2）颠覆性创新。克里斯坦森提出，低成本颠覆性创新会颠覆其他企业的商业模式。例如，免费、开放的安卓系统，在智能手机市场上彻底击败收费高昂的微软Windows系统以及封闭的诺基亚塞班系统。

（3）开拓性创新。开拓性创新通常采用全新的技术。例如，药物研发采用基因技术、生物技术，放弃传统的基于化学技术的合成药物，新技术会增强人体适应性、减轻副作用。

（4）结构性创新。结构性创新结合了技术创新和商业模式创新。例如，柯达传统的商业模式是开冲洗胶卷的专卖店，销售包括相纸、处理液和冲印服务等产品和服务。在数字化转型的过程中，柯达无法再依赖上述模式。结构性创新需要创新的维度太多，往往失败率很高。

我在长期做研发与创新管理咨询顾问中有以下观察：常规性创新从

㊀ 来源于哈佛商学院教授加里·皮萨诺、威廉·阿伯内西、金·克拉克、克莱顿·克里斯坦森、瑞贝卡·亨德森、迈克尔·塔什曼等学者的研究。

技术角度看失败率低，较为容易，是多数企业投入资源比例最高的研发内容。但是，常规性创新缺乏对新需求、新技术的快速反应，转身也很困难。可以为企业带来发展蓝海的更多是颠覆性创新、开拓性创新以及结构性创新，这一点我们可以从苹果、谷歌等身上看到。

小结

美国科技企业在战略新技术领域的知识产权和科技产品已具有全球垄断性；日本科技企业则处于半导体产业链的上游，在半导体生产设备等战略技术领域占据绝对优势。究其背后因素，则是这些企业巨头对研发与管理体系的建设高度重视。中国企业的差距，源于研发与创新管理体系的落后，这比某个产品落后的影响面更大、更深远。危机下的 IBM 和华为，付出巨大代价在企业推行 IPD 流程，使公司的所有部门形成一个整体来支持研发，最终获得巨大收益。研发与创新实力带来的内生性增长能真正让企业做大做强，绝大多数时候，并购带来的只是表面上的速成。苹果领航的智能手表，使传统手表遭遇行业性的颠覆和洗牌。通过颠覆自身来进一步颠覆行业的开拓性创新，相比常规性创新，能为企业带来更大的效益。

RESEARCH
— AND —
INNOVATION

第四章

创造与秩序相融合的研发与创新组织

导 言

美国企业界推行研发与创新管理，已有近百年的历史。如今，在很多企业，研发与创新结果的可预期性大幅提升，研发不再是"赌博"。任何组织，如果只保留创新的思想，而放弃创新过程中的管理规则，完全依靠人才的天马行空和任意发挥，必将陷入危险的境地。

一、研发与创新驱动的内生性增长是发展之本

2019年，比亚迪在国际市场上频频斩获大单，并连续四年蝉联全球新能源汽车销量冠军。2020年2月，美国洛杉矶市市长宣布，该市已采购美国历史上最大的纯电动大巴订单，共计155辆，其中134辆是来自中国的比亚迪。此前，比亚迪中标欧洲最大的纯电动大巴订单，共计259辆。目前，比亚迪已占据英国纯电动大巴市场50%以上的份额，排名第一。在伦敦，比亚迪电动大巴的市场份额超过90%。2019年，比亚迪新能源车型的销量为21.9万辆，纯电动车型同比增长42.5%，比亚迪宋Pro、全新秦、e2等凭借突出的产品力一跃成为各细分市场的标杆车型。

此外，在新能源汽车电池领域，比亚迪也取得了令人瞩目的技术进步。2020年年初，比亚迪发布了自主创新的成果磷酸铁锂"刀片电池"，电池系统能量密度为140Wh/kg，在保证较高能量密度以及寿命的同时，有效降低了电池的制造成本。与"刀片电池"同期发布的比亚迪"汉"电动汽车，搭载了"刀片电池"，纯电动版的最长续航里程可达605公里，这一续航里程与特斯拉相比极具竞争力，并处于国际领先地位。

比亚迪连续四年蝉联全球新能源汽车销量冠军，行业领先地位进一步巩固，这证明了依靠自主创新之路是高效且明智的。

有些汽车集团与比亚迪不同，走的是 100% 收购路线。2010 年，某集团并购海外某著名品牌轿车业务，然而在收购后的 9 年时间里，新能源汽车销量与同期比亚迪相比，存在较大差距。

智能手机行业也有自主创新与收购的对比案例。

2014 年，某集团公司寄希望于通过并购的方式提升公司的科技实力与市场份额，巨资收购了某著名品牌智能手机业务。然而，收购后市场占有率不断下滑，甚至拖累了原自有智能手机业务，公司陷入持续巨额亏损的状态。

与此相对，华为智能手机走的是自主创新路线。2012 年，即消费者业务部成立的第二年，华为重点发力产品品质和品牌的提升，全球营销费用的投入高达 2 亿美元，研发投入 9 亿元人民币。效果立竿见影，华为智能手机当年的销售收入为 484 亿元人民币。截至 2020 年，华为智能手机业务稳居全球前三名。

对比华为和走收购路线的智能手机企业可以看出，华为的自主研发与创新实现了投资小、回报大的良好效益。同样，比亚迪自主研发与创新所取得的技术成果也显著好于其他企业的收购模式。当下的全球商业生态系统正变得日益活跃，尤其是科技领域。颠覆性创新如同脱缰的野马，搅动所有行业。智能手机、新能源汽车、自动驾驶、人工智能、物联网、工业 4.0、大数据等新技术正在重塑行业竞争格局，市场变得扑朔迷离。中国企业能从收购模式中突围吗？从前面的案例来看，很难成功。只有研发与创新才能使中国企业在风雨飘摇的全球市场中站稳脚跟。

巴菲特从2008年起开始持股比亚迪，并宣布比亚迪是其在全球的第15个重仓股。这表明国际资本看好中国新能源汽车的自主研发与创新能力。

巴菲特的重仓股里还有苹果，它也是坚持自主创新的典范。巴菲特自2016年开始收购苹果股票，截至2020年，他手上的苹果股票的总价值已经翻了三倍。2020年8月1日，苹果在美国标准普尔500指数中的权重达到6.5%，打破了IBM在35年前创下的纪录，成为40年来对标准普尔500指数影响最大的成分股。苹果的核心业务简单明了，就是聚焦于笔记本电脑、智能手机进行自主研发与创新，打造自主品牌。说起巴菲特重仓长期持有股票的企业，就不得不提拥有百年历史的卓越企业可口可乐。这个象征美国经济的指标股，始终聚焦于以可乐为核心的软饮料领域，通过自主研发与创新走过了百年风雨。

卓越企业的业务类型都清晰而简单，聚焦于确定的核心领域，持续开展大量立足于长远的自主研发与创新，打造自主品牌，以获得企业持续发展的动力，从而在激烈的全球竞争中拥有领先的核心竞争力。这一过程是漫长而艰难的，但也是走得最踏实的。企业如果指望一招制敌或者短时间内速成的方法（如并购），很有可能掉入发展陷阱或者是在赌博。因此，投入研发与创新，以更快的、规模化的方式创新，不断提升企业的核心竞争力，才是企业基业永存的法宝。

二、持续创新从来都不是个别天才的天马行空

美国企业界推行研发与创新管理已有近百年的历史，美国企业的创

新成果居全球第一。研发与创新结果的可预期性大幅提升。研发与创新不再是泡沫或赌局，而是推动了风险投资大量进入开展研发与创新的企业，也推动了研发与创新流程体系在新兴创业企业中的建立。

例如，谷歌创建初期，谷歌的投资方说服了创始人，聘用拥有丰富的研发与创新管理经验的施密特做 CEO。在施密特的推动下，谷歌研发采用了 OKR（objectives and key results，目标和关键成果）目标管理法，强化跨部门研发资源的调动和协作，以避免重复沟通、低效率等问题；实施了以"产生解决方案"为导向的研发与创新管理流程，以避免议而不决拖垮组织效率。此外，工程师可以"用 20% 的上班时间，经营与实验自己感兴趣的构想"这项管理，就激发出了许多创意产品。在随后的数年间，施密特成功地将独一无二的技术创新转换成销售收入和利润，使谷歌有更多的资金投入创新。

再如，乔布斯在重返苹果任 CEO 后，大胆起用库克担任 COO。库克曾在极度重视研发管理的企业 IBM 负责产品的供应链管理。IBM 具有严谨、深厚的产品管理体系。库克加入苹果后，将富士康等具有技术实力的制造工厂的技术管理，也纳入苹果的研发与创新管理体系中，密切协作，这使得苹果的技术创新实现规模化和商品化的能力明显提升，创新产品投放市场进行规模化生产和销售的速度大幅改善。2008 年，在库克和乔布斯的推动下，苹果大学成立，用于培养苹果的中层员工和管理人员，耶鲁大学商学院前院长乔尔·波多尔尼担任第一任苹果大学校长。

这些都体现了全球最具创新力的科技公司对研发与创新管理体系的重视。持续的创新不是靠个别天才的天马行空，而是需要通过管理建立起高效的组织和流程，激发人才的创造力，通过团队协作发挥组织的最大效能。只有将创新和管理紧密结合，才能提高组织的整体创新能力。研发管理可以让创新低成本、高效率地开展，从而将持续的创新成果转化为稳定增长的市场份额和利润。

如果企业只保留了创新的思想，而放弃了创新过程中管理规则的建立，即完全依靠个别人才的任意发挥，会令企业陷入危险境地。在研发与创新管理体系的推动下，通过科学的方法提高研发效率和产出量，可大幅降低企业研发与创新的边际成本和综合成本。不少企业只看重人才是否加班等表面形式，而对人才的研发工作采取放任自流的态度，这些错误观念是研发与创新失败率居高不下的重要原因。

研发与创新管理的本质是更好地激发人才的创新能力与创造力，通过更合理、更科学的分工，加强人才之间的协作，促进知识的相互碰撞。研发与创新管理体系能加强人才间的互相配合，使组织拥有更高的产出，从而产生更大的经济效益。管理体系的缺失会造成"来一个项目一窝蜂上""表演努力"等人浮于事、浪费资金、损耗智力的现象，更有甚者可能演变为争权夺利的闹剧。研发过程中的孵化创意、基础研发、技术管理、文档管理、人才培养和组织建设，环环相扣，缺一不可，忽视这些步骤的后果可能就是"七慌八乱，溃不成军"。这些步骤或工作就像水面下的冰山，"深藏不露"却至关重要，它决定着组织的整体命运。

所有创新都是基于时间的竞争，技术的更新换代使创新犹如海鲜，上午还是高价，晚上可能就没人要了。研发与创新管理体系可以推动人才间的深度配合，增加知识碰撞的频次，使时间被更高效地利用。

研发与创新管理体系可有效地推动企业主动收集看似很小但优秀的创意，而不是轻易地因领导误判而被忽略。研发与创新管理体系带来的看似细小但基础的优势，可以集腋成裘，从而树立企业独特、深厚的创新优势。这些都将帮助企业走出竞争泥潭，一骑绝尘。可以想象一下，人才之间高效合作，几无内耗，任何小创意都可能被立项，立项后都能被合理推进，需要的人才随时可以引入组织，热情不会被磨灭，这样的组织会出现什么状况？创新发明将蜂拥而至、层出不穷。科技竞争力、市场占有率、利润，这些不都是水到渠成吗？

在研发与创新流程的"阶段关口"，最好开展集体评审，执行刚性纪律。集体评审的过程采取辩论方式，以数据和事实说话，集体共同决策，而不是领导的一言堂。这些会使研发与创新的决策更具科学依据，在整个组织层面上更具执行力，让研发的过程有的放矢、收放自如。研发与创新流程让团队更容易接纳差异化的观点甚至截然相反的观点。建立"蓝军"（研究企业是如何死亡的，并以此推演可能将企业置于死地的路径），可最大化地避免技术风险和创新盲区。如果没有研发与创新管理流程，仅凭领导的好恶或天才的随意发挥，往往会令企业顾此失彼。缺乏对相反观点的接纳，组织容易走向极端，无法适应不断变化的环境。

客户需求和外部环境充满不确定性，这将是组织面对的常态。人类社会正进入空前加速的时代，各种突发性事件将会层出不穷。

2016年，任正非称华为已进入前无古人、后无来者的无人区，仅仅过了两年多时间，2019年1月，任正非宣布华为已进入战时紧急状态，需要对战略和组织进行全面大反思、大调整。4个月后，美国政府宣布对华为实施出口禁令，华为启动"备胎计划"。2019年年底，任正非宣布华为"砍断"46%的部门求生。

研发管理流程并非创新的对立面，通过流程建立对新事物及有差异事物的包容性，即接纳各种观点和创意，有助于创新。通过流程体系保持高效的决策与执行，组织在面对突发事件时才能保持高效运作。缺少管理体系、纪律约束来谈对人才的包容，容易让人才和团队陷入无意义的纷争、内耗而止步不前。

　　组织需要在研发与创新管理流程的约束下，接纳不同的观点、风格和创意，而管理体系、纪律需要在尊重不同的创意和观点下，通过流程体系来保障集体决策能被高效地执行。有了管理体系和流程的约束，企业才能更大胆地投入和实施研发与创新。对于集体决策否定的项目，要坚决放弃，以释放研发资源，不能因领导的个人看法而强行坚持，这样可以降低失败率。产品规划和技术规划既要有3～5年的宏伟目标，又要具备"如何做"及实现阶段性目标的方法论，才不会沦为口号。

　　研发与创新的目标和阶段的设定，需要充分考虑客户需求和竞争环境的变化。"知己知彼，百战百胜"，研发管理中需要关注外部竞争对手，有组织地跟进前沿技术并进行差异化创新。企业既要保证流程刚性执行，又要充分授权跨部门团队在日常管理中的决策权和灵活机动权。

　　研发与创新组织的扩张基于管理流程与管理体系要求，即扩张基于各项基础研发工作的并行开展，而不是只基于对一个热点机会的捕捉。这将使扩张具备扎实的基础和一定的深度。

　　研发与创新管理体系，不仅对于资源匮乏的传统企业来说是必需的，对于不缺资源、砸钱冒险的硅谷互联网企业也必不可少。创新从来不是靠个别天才的天马行空，持续创新的关键是建立起高效的组织和流程，激发人才的创造力，通过团队协作发挥组织的最大效能。只有将创新和管理紧密结合，才能增强组织的整体创新能力。研发管理可以降低创新成本，提高效率，从而将创新转化为可持续的市场及财务表现。因此，研发与创新管理体系对全球最具创新力的科技企业具有极其重要的价值。

三、极客产品经理的成功往往是不可持续的

极具创新力的极客产品经理乔布斯，为什么选了中规中矩的职业经理人库克做接班人？非极客产品经理掌舵下的苹果，是否还具有领先全球的创新力呢？对此业界有诸多议论。但是在库克掌舵下，苹果推出了70多款新产品及升级产品，其中包括苹果手表、苹果音箱、AirPods蓝牙耳机，以及划时代的iPhone等。

2011年8月库克接替乔布斯掌舵苹果公司，在库克的带领下，苹果年销售收入和净利润连续9年高速增长。苹果股价从他上任时的54美元，连续上涨了9年，到2020年1月超过300美元，站稳创纪录的高位区域。库克揭开了苹果的神秘面纱，这个全球科技领军企业，不是单单靠一位极客产品经理乔布斯，而是凭借着完整、严谨的研发与创新管理体系，得以成功延续曾经的辉煌。

让我们看一个极客产品经理"无力回天"而使公司陨落的案例。

1994年，天才产品经理杨致远创立了雅虎，并开创性地带领世界步入了互联网时代，改变了硅谷的创业版图，他被称为"网络1.0时代的奠基者"。这激励了张朝阳等众多中国互联网企业的创业者。2005年雅虎用10亿美元换取了阿里巴巴40%的股份，这是杨致远在雅虎所做的

最成功的一笔投资。2017年7月，雅虎宣布出售其核心资产，这意味着雅虎开始正式谢幕。此时的雅虎，只拥有雅虎财经、雅虎邮箱、雅虎新闻，以及一些房地产和专利，这些资产加起来也不如其持有的阿里巴巴的股票值钱，也就是说，此时雅虎几乎是空壳，而2000年巅峰时期的雅虎市值曾高达1250亿美元。

雅虎从创立、成长、壮大，到竞争乏力，再到最终陨落，就是一个"颠覆—被颠覆"的历史。极客产品经理、创始人杨致远曾再次出山，但仍未能挽回败局。雅虎一直未能打造出扎实的研发与创新管理体系，实现内生性的可持续增长。这也说明，仅依靠先人一步的偶然成功，企业难以获得可持续发展的竞争优势。

再看一下百年巨人IBM的选择。

1971年，58岁的利尔森接任IBM董事长职位。1973年，他制定了公司领导人退休制度，要求到站退休。利尔森带头主动执行退休制度，18个月任期一到主动辞职。1993年，非技术人士背景、看不懂IBM内部IT术语、管理咨询顾问出身的郭士纳临危受命，出任年亏损额高达80亿美元的IBM的董事长兼CEO。一年时间，郭士纳就扭转乾坤，IBM实现年盈利30亿美元。"外行人"郭士纳带领IBM靠管理制胜，重新占据全球科技领先地位。IBM这个蓝色巨人，在近50年乘风破浪，时刻把研发与创新管理体系的打造与革新放在首位，即使管理层更换也没有陷入动荡，始终处于全球科技企业前列。IBM也是全球少数能输出研发与创新管理思想和体系的科技企业。

过去几年，中国企业界开始流行CEO亲自做"极客产品经理"。产品发布会上、媒体上，甚至在企业内部，都要有点"乔布斯"范儿，仿佛没有那样的派头和口号，就不具备顶尖产品经理的"灵魂"。然而，回顾这些极客产品经理式CEO在这几年的业绩，会发现他们大多数表现并不好。企业领导者成为产品经理的结果就是员工和高管都不能客观地对产品进行批判，因为公司所有创意产品都出自老板的思想。这样的企业很难具备坚实的管理基础，常陷入"老板的话就是流程"或"老板是唯一人才"的陷阱。常年依靠领导者的意见做产品的企业，其产品的竞争力往往没有多高的壁垒。没有扎实的研发与创新管理基础，企业离"大厦倾倒"也就仅一步之遥，更谈不上基业长青了。

研发与创新体系，往往能检验出企业的管理基础是否建立起来。创新产品不是靠资本的堆积就可以打造出来的。阿里巴巴曾号称投百亿打造社交产品，结果是到目前为止并没见到可与微信比肩的产品。创新也不是靠少数天才，即使大腕云集也未必能造出好产品。创新更不能依靠已有的专利技术，竞争对手常通过其他技术路径实现弯道超车。唯有在与时俱进、持续建设的管理体系的推动下，创新才能经久不衰，硕果累累。

那些痴迷于"极客产品经理"和"天才"的企业，要时刻牢记雅虎杨致远的教训。如果企业管理体系虚弱，创新体系根本没有建立起来，即使有极客产品经理式CEO也无力回天。

成功产品的生命周期极短。十几年前，我们都曾是索尼数码产品的"粉丝"；今天，索尼那些曾经创造过辉煌的产品都已夕阳西下。雅虎破产时，社交网络已是用户沟通的主要工具，曾经风靡一时的雅虎邮箱早已被抛弃。苹果的 iPod 曾经是每位追求时尚潮流人士的必备，尽管有些人不听也不会使用，但现在已很少有人再用 iPod，尽管新版的 iPod 外观比第一代更时尚。

企业如果不断地试图证明只有在极客 CEO 和天才的发挥下才能创新出卓越的产品和业绩，那么这家企业迟早会走向消亡。典型案例有，业务曾如日中天，但因极客产品经理式 CEO 离任而后继无人导致企业差点关门的 EMC。

EMC 公司成立于 1979 年，曾是全球最大的企业存储厂商，市场份额长期维持在 30% 左右。2015 财年，EMC 收入达 247 亿美元，列于《财富》500 强第 487 位，而且处于上升态势，保持着令人羡慕的增长。但是，2015 年 EMC 的董事会主动选择被戴尔公司收购，成为 IT 史上著名的"象主动邀请被蛇吞"的并购案。其重要的原因是，EMC 的天才创始人到了不得不退休的年龄，企业却后继无人。企业没有建立内生性、体系化的创新机制及创新人才培养机制，离开天才 CEO 之后，企业不具有持续创新和抵御各种突如其来的风险的能力。

为什么有的企业会长期依赖 CEO 做极客产品经理呢？因为企业建立科学的流程管理体系是一个非常艰难的事，这个体系的建立和运行都需要时间。相比而言，听"领导指挥"是容易的，不需要花费太多时间。当然，不可否认的是，需要快速决策、快速行动时，依靠 CEO 一声令下，企业就可以快速行动。但是，不建立创新流程体系或者建立了却形同虚设，会使企业陷入 EMC 那样的困局。与个人相比，只有组织的能力才能使企业有历久弥新的可能性。

从上面的案例可以看到，极客产品经理式 CEO 的模式最终逃不出"成也萧何败也萧何"的陷阱。相反,致力于打造 CEO 选拔机制、到站下车的 IBM 等企业,依靠对研发与创新管理体系的打造,而不依赖天才 CEO,反而获得了长期的科技领先地位。企业应致力于建立内生性、体系化的创新机制及创新人才培养机制,而不是依赖天才型领导人。

四、对标最高标准打造能力体系

腾讯因即时通讯软件 QQ 的巨大成功而名扬天下。但是在早期,QQ 邮箱做得并不是很好。多数成功企业,特别是成功的上市公司,会重点关注自身的优势领域,而忽视个别做得差的领域。有的企业家甚至用"基因论"来为某产品的失败寻找官方借口,例如,XX 公司的基因就是做 XX 的,所以做不好 YY 很正常。邮箱这个产品只是 QQ 的配套产品,做得好也不会直接产生多少现金流。用户对邮箱产品的可选择性太多,用户选择用哪款邮箱或者不选择 QQ 邮箱都没什么太多的理由。邮箱早已沦为没有任何盈利模式,不为多数互联网企业和用户重视的边缘产品。所以,很长一段时间,腾讯内部几乎没有团队能把邮箱项目做好,甚至没有专职的人员去维护 QQ 邮箱的代码。

但是,马化腾没有忽视这个角落里的产品。2005 年,腾讯花巨资收购了 Foxmail,其创始人张小龙及其团队也随之加盟腾讯。腾讯能够长期屹立于中国互联网,正是因为它关注产品的每个细节,正视和欣赏外部团队的能力,勇于承认失败和否定自己。腾讯内部英雄辈出,甚至可以组队进行"PK"研发同一产品。如果腾讯没有这份自我否定的勇气，就不会有张小龙携产品和团队加入腾讯，更不会有微信的横空出世。

微信诞生的过程就是一个创新竞争的过程。2010年，张小龙受到一款免费发短信的手机软件 Kik Messager 的启发，于是给马化腾发了一封电子邮件，写道："每个时代都有划时代的产品，顺应移动互联网的趋势，腾讯也应该推出自己的产品。"

马化腾深知这款新产品会伤及 QQ 的手机版。是自己颠覆自己，还是让别人颠覆自己？马化腾选择了前者，他批准了张小龙的立项申请。同一时间，并不是只有张小龙一个团队拿到了开发微信产品的入场券，微信概念出来的时候，腾讯内部有三个团队同时在做。微信内测的官网域名为 next.qq.com，即"下一个 qq.com"。像初创公司一样重新出发，腾讯开启了创新的内部竞争，两个团队不够就三个团队同时竞争同一个产品，只为了一定要拿下"沟通"这一领地。后来马化腾说："如果微信是由其他公司开发的，那么腾讯可能早就一蹶不振了。回过头来看，生死关头其实就是一两个月。"

小米也曾推出类似的产品，名为"米聊"。雷军曾以为米聊会比微信早三个月推出，但最终只比微信早发布一个月，那还是因为张小龙带领团队打磨一个细节耽误了时间。2019年，张小龙谈及微信与 QQ 邮箱的关系时说："在微信上线之前的一年里，我们把 QQ 邮箱做到了国内第一。之后我们在邮箱里面又做了很多尝试，包括漂流瓶等，此外我花了一年多时间折腾邮箱里面的阅读空间。微信后来的很多产品，都有 QQ 邮箱的影子，比如订阅号、朋友圈等。"由此可见，张小龙的胜出绝非偶然，这是他长达 20 年精心打磨互联网产品的丰厚回报，是精益求精、与时俱进造就的深厚功力带来的成功。

随后，为培养出更多"张小龙"，腾讯推出培养后备干部的"飞龙计划"。其中，有的课程是开拓视野型的（组织他们走出去，与行业最优秀企业交流），而更多的则是岗位实践型的。腾讯将战略、产品、管理方面最需要解决的课题交给他们，并为他们配备导师。对于"飞龙计划"的每个项目的完成情况都举办定期汇报会，CEO 参与听取汇报。"飞龙计划"每半年一个周期，分为"三次集中的学习模块"——面授课程、沙龙分享、行动学习，采取评鉴中心和产品体验等培训与效果评估相结合的测评方式。

优秀的科技创新企业（比如 IBM）都将组织能力的培养放在一个极其重要的位置，并开创出一套别具一格的能力建设模式。

IBM 的人才培养方案分为几部分："新蓝"（即新员工培训）、"未来之星""人才新干线"（即领导梯队培养）。对业务岗位的新员工培训叫岗前培训，需先经过 3 个月的集中强化训练，之后回到自己的工作岗位上还要接受 6~9 个月的业务学习。刚大学毕业的新员工叫"纯蓝"，首先会有 4 个月"魔鬼训练营"的全面培训，然后按照职位需要和个人能力分配到相关的部门。上岗后会被指定在岗学习的师傅，由师傅制订有针对性的新员工指导计划，帮助其获得知识和经验。IBM 针对新员工的"魔鬼训练营"分为三个阶段，采取严格的末位淘汰制，如果有两个阶段落在最后 5%，就要被迫离职。针对骨干员工的培训叫"未来之星"，是为有培养目标的人才推出的职业发展计划，将伴随其在 IBM 成长、发展，直到担当重要职位。

IBM 的"人才新干线"是为了全方位打造企业领导力的后备军而设立的。它从两个基本层面着手。一个是"优秀人才计划",从 IBM 的员工队伍中选出 10%～15% 有突出表现和发展潜力的顶尖人才,悉心培养其对事业的热忱,致力于成功、动员、执行、持续动力等。另一个是领导梯队建设,通过"长板凳接班人计划",确认每个关键性职位在未来 3～5 年的接班人,并有针对性地制订培养计划,确保每个重要的管理岗位都有两名以上的替补人才。"人才新干线"从人才发展战略出发,通过大量的创新实践,打造出人才快速发展的体系架构,以提升组织核心能力。

IBM 发现,在客户体验调查中,2/3 的分数与员工敬业度相关。如果有能力将客户满意度提高 5 个百分点,收入就会平均增长 20%,效果将非常明显。为此,IBM 打破了过去依赖专家制订人才培养计划的惯例,而是邀请人才加入设计环节,共同创建新计划,并持续迭代。这样不仅能确保人才的需求得到满足,还能大幅提升人才的满意度。

为了帮助 IBM 员工更好地用手机和平板电脑消化知识,IBM 联合年轻一代的员工,设计出了为 38 万 IBM 员工提供个性化方案的学习平台。该平台不仅有多个学习频道,而且可为不同职能岗位定制内容,推送更新的智能建议。员工可以看到其他人对不同培训项目的评价。平台上还有在线顾问,可为学习者即时提供帮助。

IBM 采用匿名净推荐值(NPS)评价学习平台,并设定匿名净推荐值处在接近满分的位置时才有意义,这样有助于学习平台进行持续改进，推动员工的真实满意度。IBM还通过人工智能工具Watson Analytics，根据员工在公司系统中留下的数字足迹推断员工的专长，并将其与在同类工种中应处的位置做对比。该系统有认知能力，它摄取有关员工技能的数据，并提供员工个性化学习推荐。就像打游戏一样，系统会主动告诉员工："好了，你需要在以下领域增加学习深度，那里有对你有帮助的项目。"员工可以标记这些项目并将它们排入日程表，供日后学习。系统还能查看员工距离获得一枚数字徽章还有多远，对数字徽章的获得者进行表彰。Watson Analytics还能根据员工的技能情况为其推荐适合的网络研讨会、内部和外部课程，帮助他们赢得徽章。

在IBM启动向云计算业务转型的计划期间，IBM有45%的收入来自启动转型五年来新崛起的业务，这如同在高速路上一边开车一边换轮胎。一边要保持传统业务的抗打击能力，一边又要全力发展新业务并很快产生销售收入和利润。在此期间组织与人才的全新能力体系的打造成为关键支撑。虽然IBM在人才培养体系上的投入巨大，但产出的业绩远远大于其投入。

从上面几个案例可以看出，腾讯的成功绝非偶然，马化腾对人才能力的培养极其重视。腾讯勇于承认失败，否定自己，除了积极引入张小龙这样的人才，还通过中层后备干部培养体系打造更多优秀的产品经理。IBM的人才能力培养体系则更为庞大和深入，包括采用人工智能工具提升员工技能。百年企业IBM向云计算转型能够成功，离不开其全力打造的人才能力培养体系。

小结

研发与创新管理体系可以使企业通过更合理、更科学的分工，强化人才之间的协作，促进知识的相互碰撞。研发与创新组织需要在管理流程的约束下，接纳不同的观点、风格与创意。如果企业管理体系虚弱或者没有建立创新体系，即使有极客产品经理式 CEO 也往往无济于事。

关注细节，注重规范，勇于承认失败，敢于否定自己，企业才能保持领先优势。优秀科技创新企业都将组织能力建设放在一个极其重要的位置，并能开创出别具一格的能力体系建设模式。人才能力培养体系是腾讯和 IBM 等众多优秀企业能够始终保持领先的重要因素。

RESEARCH AND INNOVATION

第五章

研发与创新管理体系的重要性远胜于人才及商业模式

导 言

如果企业只是一味追求销售额的增长，那么就很容易迷失。利润增长，并不一定意味着企业走在可持续增长的道路上。一个公司能否建立起项目管理机制，体现了企业内是否真正确立了"对事负责任、对任务负责"的企业文化。产品管理如同串起珍珠的那根线，能将所有面向客户的接触面（如销售、客服、售后等）串在一起。此外，卓越的管理咨询顾问能把犀利的外部观点带给企业管理层，使其决策更加理性化，管理咨询顾问是企业重要的智力资产。

一、"向死而生"而非"死抱风口"

爱屋吉屋成立于2014年，此后两年融资超过20亿元。它举着O2O大旗，一夜走红。高喊着"租客佣金全免"的口号，爱屋吉屋誓将颠覆传统房屋中介。然而，不到五年时间，就宣告破产。与此相似，扛着互联网思维、颠覆传统行业大旗的还有1元洗车、互联网手机等，最终都是昙花一现。2020年，被戳穿泡沫的是曾经的"商业模式创新者"瑞幸咖啡，最终被证实所谓的创新不过是财务造假。这些案例企业均采用饮鸩止渴的方式打价格战，全然不顾商业的本质规律。

这些企业没能建立起可持续发展的核心能力，更不可能对商业模式进行创新。曾经流行的商业模式制胜论，即商业模式是企业发展的捷径，一再被证明并非通行。例如，IT业内普遍认为，软件是最赚钱的行业，放弃硬件就是弃暗投明，但如今有着丰厚利润的两家公司苹果和三星都是硬件公司。同样地，互联网广告的商业模式被认为是"坐地收钱"，谷歌、Facebook、百度都从在线广告业务中收获丰厚，但是，这种模式往往很难在其他企业推广，它仅适用于极少数的已占据市场垄断地位的企业。

这些都说明商业模式不具有普适性和必然性，企业单靠复制别家商业模式是很难获得成功的。

如今，企业面临更快的外部环境变化。企业需要正确识别变化的方向和商业的本质，通过创新促进企业的内生性增长，向死而生，用全新的创新文化和体系来应对加速的变化。只有创新，才能注入新的成长可能性，因此，打造全新的创新体系迫在眉睫。人才和商业模式固然重要，但不是光靠人才和商业模式就能取得可持续发展的优势。当然，也不是天天盯着销售额，就可以永久生存。唯有形成研发与创新体系，实现体系化的发展；通过培育和提高创新能力，打破故步自封，才能逐步建立核心竞争力，最终将创新转化成可持续的竞争优势。

让我们看一组数据，市场渗透率从10%扩大到40%所需的时间：PC，15年；IT，5年；智能手机，不到3年。行业的颠覆性发展势不可挡。每年都会有数千个新的竞争对手出现，产品更新换代的周期也由过去常见的10年缩短为现在的9～10个月。新的技术发现和专利发明不断冲击着曾经成功的行业基础和假设，在这种情况下如何实现发展的突破？

2000～2014年，号称"硅谷天才销售员"的微软CEO鲍尔默，带领微软实现收入增长两倍，利润翻番。但是，随着技术从PC到智能手机转变，用户使用的操作系统从微软的Windows转向苹果的iOS和谷歌的安卓系统，这导致微软失去部分用户，在手机市场的份额更是节节败退至不足4%。从资本市场看，股价停滞不前，基本默认微软不再是全球科技界的领军者，而是落后于移动互联网时代的传统软件企业。2014年，微软内部高管萨提亚·纳德拉脱颖而出，成为微软第三任 CEO。他仅仅用了三年半的时间，就恢复了微软的科技地位，使微软的市场份额回到了 2000 年互联网泡沫时期的高点。资本市场上表现亮眼，市值翻番，市值增长额超过了新兴的以商业模式创新著称的互联网公司优步、爱彼迎、网飞、色拉布（Snapchat）和众创空间（WeWork）市值增长的总和。微软是如何在三年半的时间内实现华丽转身的呢？

纳德拉认为，微软成功转身不过是重新定义了一下"创新"，即聚焦于向死而生的开拓性创新，而不是继续沿着过去业绩轨迹的常规性创新。在这个过程中，研发与创新管理体系的创新才是最重要的。

人才虽然是企业成功的重要因素，但不是最重要、最紧迫的因素。鲍尔默任职期间，微软对多位知名度颇高的人才投下重注，其中包括 Windows 部门负责人史蒂文·辛诺夫斯基、Xbox 首席技术官 J. 阿拉德，首席软件架构师雷·奥兹……但是几年后他们都离开了微软。他们的离职与管理体系的混乱有着直接的关系。一位卡通漫画家曾用"各运营团队拿手枪指着对方"来形容微软的企业文化以及管理体系的沉疴固疾。

类似于鲍尔默任职期间的微软，很多企业都将销售和利润增长视为第一目标，销售至上。这样的企业往往会形成以单个独立销售单元为核心的管理体系，它们以为配上销售指标和激励机制，就可以调动人才的积极性，激励其勇攀高峰。但往往事与愿违，因为企业的业绩需要整个公司通盘考虑。这是企业综合实力在市场竞争中的体现，如果只是激励少数销售人员或销售团队，销售组织很容易只从本部门利益最大化角度考虑问题，不仅达不成目标，反而容易形成业绩造假，以及企业内部诸侯林立的现象。例如，1994年在对研发与创新管理体系开展变革前，IBM新任董事长郭士纳发现公司存在诸多严重问题。例如，IBM内部山头林立，可以这样形容，"IBM并不是一家公司"。设在美国之外其他国家的销售管理部门完全无视公司的整体利益，它们只关注自己的得失。

思维和管理体系固化的企业倾向于固守城邦，陶醉在自己长期积累的优势、能力和市场份额上。虽然所处行业已经陷入低速增长，但不愿冒任何风险去创新，而是一味在传统赛道上做艰难防守。这不仅是微软、IBM曾经遭遇的，许多停滞发展的企业也都面临这样的窘境。如何才能打破僵局，实现转型？

改革研发与创新管理体系，推动向死而生的产品与技术创新，打造创新组织以及创新文化，这些被证明是推动企业转型过程中最重要的事。例如，在鲍尔默时期，微软的一切开发都是基于Window平台。纳德拉上任后，高管带着竞争对手的产品（如苹果的平板电脑iPad）来开会，也是常见的事。在纳德拉的领导下，微软发布了一系列新产品，包括支持苹果iPad的Office办公软件、基于苹果iOS平台的100多个应用程序。

1990~2014年，微软无视全球开源软件系统的发展趋势，对此采取了敌对态度，鲍尔默更是把Linux系统比作癌症。纳德拉上任后，带领微软接受了对手即开源的Linux系统，并加入Linux基金会，推动微软拥抱开放的技术发展潮流。此外，他通过削减2万多个手机研发职位，堵住了持续亏损的窟窿；推动微软进一步聚焦其擅长的应用领域创新，发展人工智能、量子计算等创新产业。微软通过重新打造研发与创新体系，拥抱变化，拥抱竞争对手，拥抱云计算和人工智能等高科技，成功实现整个企业的华丽转身。

我国近几年出现O2O热浪，许多企业高喊"互联网思维""颠覆传统行业"口号，高举"商业模式创新"旗帜，最后却电光石火般一闪而过。原因是没有形成可持续发展的核心能力。商业模式一度被认为是企业发展的捷径，但这却一再被证明并不具有普适性。企业单靠复制别家商业模式，是很难获得成功的。唯有关注创新胜于关注短期销售业绩，才能使企业取得更好的业绩。

二、从职能管理到项目管理再到产品管理

企业里的职能部门通常会集中同类别职业的员工，为他们提供相关专业能力的培养、评级，同时进行日常工作的分配与管理。企业通常设立销售部、研发部、生产部、人力资源部、采购部、财务部、品质部等。随着企业人员的增加，每个职能部门从几人扩展到过百人，于是又开始划分层级，从部长到高级经理、经理到员工。在部门内又分为三到四级，形成金字塔层级架构。如果要调用某部门的一位员工或讨论一个具体任务，往往需要跨越三到四级，自上而下来协调。每件事的决策要由层级中的领导定，每位部长、经理就像其"领地"的"国王"，决定下属的工作安排及考核。为此，部门内都有领导设立的规矩流程，所谓的本部门规定。

企业需要依靠职能部门的扩展从而实现员工队伍的扩展，使员工能在专业职能上受到职能部门的指导、管理和培训。但是越来越多的企业

发现，一个职能部门仿佛是一口深井，所有的对外交流都依靠部门高层领导这一狭小口径。这导致效率低下，信息沟通不畅。职能部门的领导常常造成流程及事件处理的"肠堵塞"，而深井中的部门员工，因长期只对其直接主管负责而失去了对任务及对公司的整体思考，从而养成对人负责而不是对事负责的习惯。

完全采取职能化运作的研发与创新，往往处于走到哪里算哪里的散漫状态，时间进度很难把控，部门之间的衔接也常因信息和行为不统一而导致割裂，甚至相互矛盾。曾有这样的案例，企业的软件部修改了版本，硬件部不知道；硬件部修改了电路尺寸，忘记通知结构部。部门之间的工作严重脱节，导致时间、人力、金钱的浪费。单纯职能部门的组织架构不利于研发与创新的开展。因为研发与创新需要高效率的跨部门合作，研发涉及的环节遍及整个公司，如销售、市场、财务、生产、采购等，都是与研发相关联的领域。无论哪个环节的信息和步骤不协同，都会导致研发与创新项目严重滞后。实践证明，采取项目管理的模式会有效提高研发与创新的效率。一个公司能否建立起项目管理机制，体现了企业内对事负责、对任务负责的企业文化是否真正确立，是任务驱动组织，组织随任务而变，还是组织限制任务？

1958年，美国人在北极星导弹设计中应用项目管理技术，把完成时间缩短了两年。由于项目管理成效显著，20世纪60年代项目管理开始被广泛应用于各行各业。项目运作中通常设定预定的目标，即设定时间、财务和人力等限制条件。为确保目标的实现，往往确立对项目成败负责的专门的人员和组织。虽然很多公司成立了项目部，但往往是失效的，经常出现以下现象：项目部推不动各职能部门的工作，得不到充分的权力保障，项目的成败没有和激励挂钩，一年后项目部因人员流失，项目不得不取消。

  项目管理需要跨部门的正式组织，虽然这个跨部门组织是为一个有时间限制的临时任务而生，但是项目组织必须明确目标，对负责人的权力进行授权，即跨部门组织的负责人对每一位组员的工作内容的安排和考核要有充分的授权。虽然有的项目组人数不多，但是项目经理也是重要的经理岗位，不可兼任或者忽略。项目经理需要在专业技术、领导力、团队协作上比较资深，才能获得项目组成员的认可。项目经理要比职能经理具有更高的技术和领导水平。但是，多数企业的项目经理往往经验不足，甚至之前没有担任过领导岗位，更像是项目秘书或项目助理，这些都是导致项目管理失效的重要原因。

  研发与创新项目往往复杂多变，充满不确定性。一方面，项目组需要责、权、利相统一，具有拉动职能部门的权力；另一方面，项目负责人要有迅速定位问题的能力、带领团队克服困难前行的经验和热情。项目负责人的权力需要高于职能部门的领导，才能有效带动一个跨部门组织协同向前。

  项目负责人是项目成败的唯一负责人，在日常经营管理中具有与项目相关的所有事情的快速决策权。项目负责人需要按研发与创新流程的要求，在流程关口上提请业务决策评审、技术决策评审。项目组制定的完成项目任务的时间节点，职能部门都要遵守，并按此节点组织相关资源。这样以项目为单位，才能驱动所有职能部门提升业务技能，加强资源建设，目标明确地协同向前。

  不过，在很多企业中，职能部门往往找很多理由不配合项目组的要求，甚至成为袖手旁观者。这样的项目管理就会流于形式，导致失败。

还经常存在一种现象，即项目负责人也是职能部门的负责人，两者相重合，职责不清。职能部门的全部工作重心都在项目上，而缺乏对职能部门人员的资源建设和技能提升，导致项目可重复性差，即有的项目得不到充分重视和资源投入。

研发与创新项目制的建立，对提升交付效率大有帮助，但是距离研发与创新的成功还有着较大差距。原因是在日益激烈的竞争环境下，客户需求有可能发生改变，产品虽然被生产出来了，但是有可能已失去了市场。如何降低项目的交付成本，有时仅从项目内部本身入手会有局限，这时需要跳出项目，根据众多项目的共性来进行分析和管理。于是产品管理出现了。

研发与创新的基本目标是取得市场上的成功，为企业创造利润。产品管理的愿景就是通过优异的客户满意度管理，驱动组织创造出市场表现优异的产品，进而实现盈利。正如福特公司产品管理的愿景：不但要创造性能优越的车种，还要能为它塑造出与众不同的特性，使用户体验符合未来的顾客需求。

产品管理如同串起珍珠的那根线，能将所有面向客户的接触面串在一起，以填补开发过程中的缺口，确保交付的产品符合最初的"产品—客户"的概念。产品管理中需要特别关注客户在产品新上市时想要些什么，而不是现在想要什么。产品管理团队，是对产品负责而不是对研究成果负责。产品经理将整个产品涉及的所有人员都纳入管理，包括研发、中试、生产、售后服务、产品拓展和销售人员。要做好产品管理，需要建立商品意识，从客户需求的调研，到设计、研发、生产和交付的全过程，构建技术、质量、成本和服务的优势，实现对一个产品全生命周期的价值管理。

产品管理涉及产品规划、产品平台规划、营销规划、研发以及采购、生产、交付的全过程管控。它包括市场分析，为产品制定目标和战略，制定价格和营销策略，同时关注研发和交付过程控制的三个重要维度：时间、成本和特性。产品管理涉及端到端的三个主要活动：客户需求的收集与调研，研发、采购、生产的过程管控，客户端的营销及交付。此外还要关注产品的财务指标，以及研发过程中的财务管控。

通过扎实的产品管理，企业可以取得营业收入的增长，并且实现更好的产品生命周期的管理。一项研究表明，使用产品管理系统的医院，几乎所有的指标都领先于不使用产品管理系统的医院，包括床位占用率、每床位患者毛收入、平均利润率和资产回报。在 IBM、华为研发历史上发挥过重要作用的 IPD 流程，就是产品管理的重要流程。产品经理带领的 IPD 团队要负责市场调查，并根据客户需求确定开发何种产品，选择何种产品平台、技术和商业模式，并推动相应的研发组织对产品进行生命周期管理，协调研发、营销、运营等，确定和组织实施相应的产品策略。

单纯的职能组织体系容易在部门之间的配合上出现"卡壳"。很多案例证明，采取项目管理的模式会有效提升研发与创新的效率。公司只有确立了"对事负责"的企业文化，才能成功建立起项目管理机制。企业对于产品管理的愿景是通过优异的客户满意度管理，驱动组织创造出市场表现优异的产品，进而实现盈利。职能体系、项目管理、产品管理都是研发与创新流程所涉及的重要组织形态。

三、通过研发与创新管理的变革实现新技术与新业务的突围

时代在变迁，行业在更迭，企业的生存与发展需要不断地突破困境，开拓新技术与开辟新业务。这就类似于第二次世界大战中盟军在法国实现诺曼底险滩登陆，成功突破德国纳粹在整个欧洲大陆的重围，从而得以开辟新战场，实现反攻，并赢得最终胜利。百年企业 IBM 实施研发与创新的管理变革就像诺曼底登陆，为公司打开了新局面，实现了新技术与新业务的突破，保持了全球科技领先地位。

IBM 是一家什么样的公司？什么是 IBM 的业务？谁是 IBM 的客户？对于一家跨越百年的企业，不同时期对这些问题有不同的回答。只有不断变革自身的研发与创新管理体系，才能确保企业持续不断地创造出卓越的产品，顺利跨越行业发展周期，使新技术与新业务层出不穷。可以说，IBM 的百年发展史就是一部创新管理体系的变革史。

很多企业沉浸在昔日的成就中不可自拔，坚信产品和商业模式不需要重大变革就可以再续辉煌，这往往会导致突发性失败。很多企业热衷于建设研发大楼，缺少在研发管理体系上的投入，这导致长期研发效率低下，研发过程中的浪费惊人。这些缺少前瞻性和研发创新成果的企业，根本没有护城河，一旦遇到突发性竞争，必然会"兵败如山倒"。当行业性危机出现时，企业会因缺少创新带来的新发展引擎，而不能成功转型升级，进而失去竞争优势，溃不成军。IBM 公司也曾一度陷入这样的失败模式。

20 世纪 70 年代末的 IBM 在计算机行业处于领先地位。但是，由于忽视整个技术趋势的变化，逐渐成为机构臃肿、步履蹒跚、积重难返的

庞然大物，而苹果、微软等企业成为 PC 时代的胜利者。到了 20 世纪 90 年代，由于盲目扩张而产生空前的巨亏，IBM 三年累计亏损 162 亿美元，面临着被拆分的危险，媒体将其境况描述为"一只脚已经迈进了坟墓"。1993 年，郭士纳，这位毕业于哈佛商学院的前麦肯锡咨询师临危受命。在此后九年的时间里，他重塑了 IBM，不但实现了持续盈利，股价也上涨了 800%，使得公司重新变成全球最赚钱的公司之一。

郭士纳称这场变革为"以市场和客户为导向"的变革。针对 IBM 的产品与对客户的解决方案脱钩，他推动 IBM 实现以客户为导向提供全面解决方案的服务：关注客户的需求，而非企业的得失；关注技术服务的客户满意度，而非产品是否由 IBM 自产。也就是，IBM 的产品符合客户的价格和方案需求则采用，不能适合客户需求的就从外部采购，引入竞争对手的产品。这迫使 IBM 拥抱竞争对手，采购竞争对手有优势的产品，或者将自己的技术专利授权给竞争对手，IBM 则围绕客户需求加强提供技术服务和解决方案。在变革中，IBM 放弃了毫无优势的产品领域，例如把 PC 业务卖给中国企业联想。

通过这场向死而生的研发与创新变革，IBM 实现了轻装上阵，得以先人一步拥抱新技术。1995 年，IBM 在很多人还不知道电子商务为何物的情况下，率先提出了"电子商务"的战略理念。IBM 不做客户的竞争对手，只做客户的技术支持者；IBM 替客户进行信息架构、企业流程再造。这些都推动了 IBM 实现向"软件＋硬件＋服务一体化"转型。五年后的 2000 年，IBM 的 40% 的利润来自服务业务，软件利润占比达 25%，IBM 已经成功转型为 IT 解决方案供应商。

在研发与创新管理体系变革的推动下，2002 年，IBM 提出了电子商务随需应变的战略。IBM 可以为客户提供从企业战略、运营、流程直至 IT 的咨询服务。IBM 与宝洁公司签署了为期 10 年、价值 4 亿美元的全球协议。IBM 为全球近 80 个国家的 9.8 万名宝洁员工提供整体性员工管理服务，包括工资管理、津贴管理、补偿计划、移居国外以及与其相关的安置服务、差旅和相关费用的管理、人力资源数据管理，以及 IT 应用开发和 IT 管理服务。IBM 通过咨询服务带动了 IT 服务、软件销售和硬件销售。2009 年，IBM 的 42% 的利润来自软件，另外 42% 的利润来自服务业务（包括全球业务咨询、全球技术咨询）。

2012 年，IBM 推出围绕"认知计算是改变一切的技术"为核心的研发与创新管理体系变革，开启向基于云计算的智能化综合管理服务转型。IBM 不再是硬件公司或软件公司，而是一家"认知型解决方案云平台公司"。IBM 的研发与创新管理体系迅速围绕"人工智能、网络安全、移动计算和物联网"新技术进行变革和调整。这次变革后的 IBM 作为一家行业性平台公司，围绕研发与创新，企业的商业模式、组织架构、文化与人才等也随之变革。变革中 IBM 推出了基于人工智能的 Watson 技术云平台与各个行业相结合的解决方案，将 Watson 技术云平台应用于商业发展，包括 Watson 发现顾问、Watson 参与顾问、Watson 分析、Watson 肿瘤治疗、Watson 临床试验匹配等。2014 年，IBM 宣布投资逾 10 亿美元，成立 Watson 业务集团，并宣布投资 12 亿美元扩大云计算业务，并在遍及全球五大洲的 15 个国家建立了 40 个数据中心。同年，IBM 将 IBM X86 服务器业务以 23 亿美元卖给中国企业。2016 年，IBM 宣布组织结构调整，形成新的三大部门——全球行业事业集团、整合认知解决方案集团、云计算集团。其中，全球行业事业集团专门梳理行业用户的需求，整合认知解决方案集团根据需求开发解决方案，云计算集团提供后台支持。2017年，IBM申请专利9043项，其中1400项与人工智能相关，1900项与云计算相关，1200项与网络安全相关。2018年，IBM斥资340亿美元收购开源软件制造商——红帽公司，以奠定其向云计算平台转型的基础。一个全新的IBM正在浮现，芯片生态、数据库软件生态、认知商业生态、区块链生态、物联网生态等，IBM正在基于云与认知计算拉起一个又一个的生态型泛企业泛行业组织。

目前的IBM是一家集合了人工智能、云计算、区块链等领先技术的认知解决方案和云平台公司。从2017年起，IBM连续三年被IDC评为"全球人工智能市场排名第一的服务提供商"。在云计算领域，法国巴黎银行、加拿大资产信托公司Home Trust、爱琴海航空等企业，选择了IBM公有云作为它们关键业务的负载平台，IBM公有云的开放与安全，已经得到这些重视客户体验、同时受高度监管规范的行业客户的认可。2019年，IBM推出云计算、人工智能、现代基础架构、5G等高科技技术方案，以及技术专家团队倾力展出的近60个案例；结合制造、金融、医疗、汽车、通信等行业落地应用，借助现场的互动实验室沉浸式地呈现了企业云上应用搭建、AI开源工具集实现AI公平、OpenShift进行分布式训练等，从而帮助企业实现成为云计算和认知型企业的数字化重塑。2019年，IBM的云平台产品创造了超过210亿美元的收入，占公司总收入的27%以上。IBM也是区块链超级之账本HyperLedger Fabric的主要贡献者，全球暴发新冠肺炎疫情之后，IBM宣布组建基于区块链的新冠病毒数据中心，使用区块链技术来检查与新冠病毒有关的数据的准确性。

百年来，IBM验证了只有通过持续开展研发与创新管理体系的变革，才能保持强劲的生存能力、发展能力和创新能力。这也是IBM真正的核心竞争力。很多企业认为，花大力气构建研发与创新管理体系，见效太慢、风险太大，直接从竞争对手那里挖人才更容易见效，在现有业务上小修小改比较省事；还有的企业浅尝辄止，研发与创新管理体系刚建了一点点，就觉得已经差不多了而止步不前。这些都是导致企业渐渐落后于时代的重要原因。研发与创新管理体系的落后，比企业某个产品落后影响面更大。

在不断加强的研发与创新体系的推动下，企业会涌现出具有强大竞争力的技术与产品，成为支撑企业发展的主营业务。通过自我颠覆性创新，战胜不确定性和"黑天鹅"事件。

IBM 从创立之初的商业打字机供应商进化成一家集合了人工智能、云计算、区块链等领先技术的认知解决方案和云平台公司，离不开领先于全球的研发与创新管理体系的建设。其中，20 世纪 90 年代郭士纳启动的颠覆性变革，成就了 21 世纪 IBM 的高速发展。这位有着丰富管理咨询顾问经历的 CEO 带领"迟钝的大象"翩翩起舞，首次将"服务为导向"这一基因植入 IBM 的细胞中。这一变革是以市场和客户为导向的变革，他推动 IBM 不再依赖于传统业务，而是全面向客户提供解决方案。这也成了新 IBM 开疆拓土的重要方向。因此，研发与创新管理体系的变革就如同诺曼底登陆，打开的是新市场，得到的是新机遇。

四、管理咨询顾问是企业不可或缺的啄木鸟

1944 年，刊登在美国《财富》杂志上的《管理的医生》一文，对管理咨询顾问的原则进行了阐述，即公司和人一样，自己通常无法像外部

人士那样看到自身存在的问题。复杂的市场环境、经济危机之后的余波、政府的强力干预，使得企业家不得不就企业面临的困境与问题求医问药，认真接受外部的建议，从而推动了咨询顾问行业的发展。

具有丰富的管理理论知识与实践经验的管理咨询顾问，与企业家和高管密切配合，应用科学的管理方法对企业进行调研、诊断，从中找出存在的问题，分析问题产生的原因，提出解决方案，并指导方案的推行实施，以达到系统性而不是零碎性地解决问题，达成企业的经营目标，从而推动企业健康稳健发展的目的。管理咨询顾问与培训老师大不相同，培训老师以管理理念宣贯为主，缺乏深入企业的实际作为；管理咨询顾问以深入企业实际操作为主，针对企业实际情况系统地帮助其解决问题。两者差异相当大。不断引入外部管理咨询顾问，可以主动地引发企业内部的不断创新与变革，成功捕捉到新的时代发展机遇，实现发展的与时俱进。

管理咨询行业是19世纪后期和20世纪早期的美国先驱以及20世纪20年代之后的英国管理思想家和企业家共同建立起来的，距今已有130多年的历史。最早的管理咨询公司成立于1890年，是麻省理工学院教授成立的理特咨询公司，全球第一家管理咨询和技术咨询公司。全球著名的管理咨询顾问公司麦肯锡，是在1926年由詹姆斯·麦肯锡在美国芝加哥创建，《财富》世界500强企业中2/3的企业都邀请过麦肯锡提供管理咨询顾问。罗兰·贝格国际管理咨询公司于1967年在德国建立，它早已成为欧洲最大的管理咨询公司之一。

管理咨询顾问对企业的意义和作用是什么？天才、大师是不是最重要的？这可以从高科技领域的芯片行业巨头英特尔的创立和发展中"管中窥豹"。1955年"晶体管之父"威廉·肖克利离开贝尔实验室，创建了肖克利半导体实验室，吸引了众多有才华的年轻科学家加入。但是，很快肖克利的管理方法就引起了工程师的不满。其中，被称为"八叛逆"的罗伯特·诺伊斯、高登·摩尔、朱利亚斯·布兰克、尤金·克莱尔、金·赫尔尼、杰·拉斯特、谢尔顿·罗伯茨和维克多·格里尼克联合辞职，并于1957年10月共同创办了仙童半导体公司。安迪·格鲁夫于1963年在高登·摩尔的邀请下加入仙童半导体公司。随着仙童半导体的快速发展，内部组织、管理和产品问题日益突出。1968年7月，仙童半导体其中两位共同创始人罗伯特·诺伊斯和高登·摩尔辞职，并于1968年7月16日共同创办了英特尔公司。安迪·格鲁夫则跟随高登·摩尔的脚步，成为英特尔第三位员工。

安迪·格鲁夫历经的两家科技企业都是杰出科学家和天才"大腕"云集的地方，但又都是因为内部管理落后，自己打败自己。他深刻认识到竞争激烈、市场瞬息万变的湍流下，企业在管理上稍有闪失就会遭遇巨大失败甚至破产关门。1987年成为英特尔CEO的安迪·格鲁夫对企业管理的方方面面，特别是研发与创新管理体系，格外重视。格鲁夫称"管理大师"彼得·德鲁克是"一盏指引我们的明灯，他的著作让我们走出迷雾，找到方向"。在德鲁克的影响下，目标管理最先在英特尔实施。德鲁克曾警告说，"只要仍用已有的管理体系来承担创新项目，就注定会失败"。对应于德鲁克的创新管理思想，英特尔的重要应用是"只有偏执狂才能生存"。例如，在日本存储器厂家低价侵蚀其利润的危急时刻，英特尔大举豪赌当时尚不成熟的微处理器。英特尔在三个不同地方的工厂生产微处理器，目的是让买家相信其生产供应能力。同时，停止授权芯片设计给AMD等公司。围绕创新产品微处理器，通过打造全新的微处理器的研发与创新管理体系，英特尔成为个人电脑时代最重要的处理器厂家,其绝对领先地位持续了30年。

著名的管理咨询学者克莱顿·克里斯坦森在1990年左右发表重要文章《颠覆性技术:抓住潮流》,这引起了安迪·格鲁夫的关注。安迪·格鲁夫邀请他对英特尔的创新提出建议。克里斯坦森向英特尔高管介绍了颠覆性创新的案例,例如,小型钢铁厂为何能颠覆大型钢铁公司。因为大型钢铁公司迫不及待地想把利润低、质量差的市场空间让出去,之后小型钢铁厂逐渐提高品质来挑战顶级市场的份额。该案例提醒了英特尔。此后,英特尔高度重视颠覆性创新可能对行业领先企业带来的反超风险,从而推出了占领低端市场的赛扬处理器,以阻击AMD等竞争对手。克里斯坦森带给英特尔的并非只是一套管理理论,而是统一全公司的一致性的概念和思考方式。对于一家已经在激烈竞争中生存下来的企业,内部很容易陷入过往成功带来的骄傲与麻痹之中,看不到潜在的危机与风险。由于管理层短视,或者基于部门利益考虑问题,企业内部往往很难达成共识,英特尔曾一度陷入管理层天天马拉松式开会讨论却终始无结论的状态。管理咨询顾问犀利的外部观点可以让管理层有清醒的认识,并在内部形成统一的全新的概念和思考方式。

德鲁克说:"企业无法持续成长壮大,反而每况愈下、濒临破产的最主要原因是,当企业老板不应该做决策的时候,却仍然紧握着决策权不放。企业应该尽可能将决策权放到最低层级,越接近行动的现场越好。"如此尖锐的建议,在一切唯上(即上级永远正确、上级决策、等待上级)的企业内部是很难听到的。管理咨询顾问要能向企业直言,寻求管理思想的理论与实践能落地执行的方案,帮助企业打造高效、有活力的执行体系,以使好的思想不会沦为空谈。

德鲁克说："企业不是使利润最大化，而是获得足够的利润来应付经济活动上的各种风险，从而防止亏损。"对于很多企业来说，扩张做大和追求更多的利润成了使命。管理咨询顾问的重要使命不仅是帮助企业提升增长能力，还要帮助企业不断发现自身的问题，体系化地提供解决方案，最大可能地化解风险，避免企业未来发展中出现各种因不可测因素而导致发展的起伏，以实现稳定持续的增长。

企业发展到今天，说明这家企业具备成功的发展路径和团队力量，但是这其中是否存在潜在的风险和问题，以至于明天就可能因外部环境的变化"风吹树倒"，这是管理咨询顾问首要解决的命题。

管理咨询顾问在中国还是新鲜行业，但在世界1000强企业、百年企业、跨国企业云集的英国、美国、以色列、日本和德国等国家，却早已成为追求理性成长的标配，在过去130余年历史中不断发挥重要作用。最先超出行业其他玩家迅速捕捉到战略性机会，并及时调整公司资源支撑战略市场的快速增长，这成为企业在激烈竞争环境中成功的关键。管理咨询顾问帮助企业在持续动荡变化的外部环境中，实现自我超越。

带领一家成功的企业反思"我们的业务是什么"，并不容易。因为很多企业都认为这一问题的答案很浅显，不值得花费时间去讨论。至于外部管理咨询顾问，更是常常被认为对本企业的认识远不如企业内部的人，不是行业内的人。这些是极大的误区。

事实上，一个企业能否继续获得成功，恰恰需要从外部去考量。一家企业收入和利润都在持续增长时，无法客观地面对行业的危机和变局，例如，竞争对手的急速发展使客户出现转移趋势。来自外部的咨询顾问可以带来更冷峻和客观的观点，就像世界上顶级的运动员也需要外部教练，不断地指出其问题和盲区。来自外部的咨询顾问有助于帮助企业发现靠其自身看不到的问题、风险、危机与机遇。

还有很多企业热衷于制定各种战略，在制定战略上花费大量的时间、精力和金钱，但是却不愿意引入外部咨询顾问，帮助其不断创新与管理变革。他们以为制定了周密的战略，企业就一定可以实现。这也是极大的误区。

无数个历史案例证明，只有高效率、高执行力的管理体系带动创新与变革，企业才能克服过去的发展惯性和曾经的成功路径，从而实现新业务、新市场的发展。企业要想获得新的发展引擎，需要在产业生态、顶层设计、组织、领导层、文化、创新、技术、风险管控、财务、管理、战略和市场等多个层面、多个维度的全方位的管理创新与变革。因为企业竞争的基础是一连串彼此联结、相互加强的活动和资源。例如，企业能否正确地判断形势，确定当前的战略方向；企业是否积累了足够的机会点分析能力，并成为其核心能力。

一般认为，捕捉机会点产生利润的执行力来源于两点：一是企业中的每个人是否都能正确地理解战略、聚焦战略；二是企业是否采用了最佳的考核指标，确保按新的战略要求调配资源。

如果没有全方位的管理创新与变革，只靠企业内部难以实现，因此精心制定的战略也往往只停留在口号上。这就是多数企业增长乏力的主要原因。

应该向世界500强企业、百年企业等全球卓越企业学习，不断打造高效、高执行力的研发与创新管理体系，通过不断增强自主创新能力，获得可持续的内生性增长。事实证明，企业靠自主创新获得内生性增长的成功率，远高于靠并购其他企业。

定位理论的创建者杰克·特劳特的一篇文章可以影响世界 48 年；管理理论的成功实施和运用，可以帮助一家企业两年内从亏损 10 亿美元扭转为盈利数十亿美元。管理理论就是如此神奇。所以，业界用管理大师来称谓杰出的管理咨询顾问。德鲁克就是影响全球企业界 60 年，并且至今仍对企业管理产生影响的管理大师，被誉为"大师中的大师"。德鲁克预测了"知识经济时代"的到来，推广了"知识工作者"这一概念，催生了"管理"这门科学。德鲁克一直为历届美国总统的顾问，2002 年获得"总统自由勋章"，这是美国公民所能获得的最高荣誉。

研发与创新管理是推动科技进步的重要力量，比技术创新更重要，是一门重要的管理学科。人类的科技进步，首先来自管理理论和管理体系的进步。

变革应该被视为家常便饭，在管理咨询顾问的帮助下，主动、系统性、创造性的变革，强于"大敌压境"时的"防守反攻"。最近十多年我担任了近百家企业的管理咨询顾问，帮助它们取得了极大的成果。这些经历也表明，拥有科学的研发与创新管理体系的与时俱进的企业，有巨大的生产率优势，在吸引、配置和管理人才方面更具效率，可以创造出更高的利润，可以有效捕捉到更多的市场机会，带领企业持续高速发展。只有世界一流的研发与创新管理体系，才能持续打造出世界一流的技术与产品，才能让品牌产生高价值，才能在市场竞争中拥有核心优势。

笔者咨询顾问的近百家企业中，有许多企业在研发与创新体系建立起来后，一年内涌现的发明专利就超过了创业数年的总和。在现代商业与工业发展中，发明与知识产权不能只依赖于少数天才，即使大腕云集也未必能出好结果；依靠少数专利技术也不可能一劳永逸。知识产权只有在科学的研发与创新管理体系中才能硕果累累。做企业就像爬山，研发与创新管理就是路标，跟着路标走，企业发展会很快。我咨询指导过的企业，都进入了快速发展轨道。

我咨询指导过的中小企业已有越来越多的上市案例，并成为上市公司里的绩优企业，进一步咨询后，市值大幅提升。我咨询的行业类别有自动化设备、大数据、生物基因测序、物联网、汽车、芯片、家电、互联网、软件、消费品、医疗设备……它们一开始都面临着艰难时刻，即如何突破自己曾经的成功，面对更为激烈的竞争环境，快速建立起研发和创新能力；甚至，有很多处于前无成功案例可追寻，后有众多竞争对手苦苦相追的境地。无论在美国硅谷还是在中国，创新的失败率都高达90%以上。

2016年，我在哈佛大学、硅谷、微软总部研发与创新中心以及波士顿马萨诸塞州大学、堪萨斯大学、惠顿学院等地演讲，讲述这些年我积累的研发与创新管理实践，受到广泛好评。这都说明研发与创新管理体系对技术创新至关重要，已成为国际领先科技企业的共识。我帮助建立研发与创新管理体系的企业，在多个层面、多个维度提升了研发与创新能力。有的企业在出现中美贸易争端之际，外部环境较为困难的情况下，取得给美国特斯拉本土直供的订单。更有企业在咨询半年后，在突发新冠肺炎疫情和中美贸易争端双重困难的情况下，取得了业绩翻番的好成绩。

管理咨询顾问也叫"企业管理的医生"，这一职业已有130余年的悠久历史。具有丰富的管理理论知识和实践经验的管理咨询顾问，与企业家和高管密切配合，应用科学的管理方法对企业进行调研、诊断，并提出有针对性的管理提升方案。经验丰富的管理咨询顾问首先是企业的啄木鸟，帮助企业发现内部已司空见惯的大量问题。企业需要资深的管理咨询顾问，他们兼具研发与创新管理思想和落地实践经验，既可以高瞻远瞩又能结合实际地提出全面有效的解决方案；他们观点中立、客观，不受内部能力、视野、位置的限制，同时具有很高的声誉，可以影响企业高管。卓越的管理咨询顾问已成为企业的重要智库和核心智力资产。

小结

2018年以来，打着互联网思维、颠覆传统行业旗号的一些企业纷纷"退场"，这让我们再次关注那些基业长青的企业。微软2014年以来的华丽转身得益于对研发与创新管理体系的革新，以及推动向死而生的产品与技术创新，打造创新组织和创新文化。过去100年来，IBM一直致力于建立全球领先的研发与创新管理体系，并不断革新这一体系，这使其目前依然保持着在科技行业中的领先地位。管理咨询顾问也叫"企业管理的医生"，这一职业已有130余年的历史。具有丰富的管理理论知识与实践经验的管理咨询顾问，与企业家和高管密切配合，应用科学的管理方法对企业进行诊断，并提出针对性的管理提升落地方案。卓越的管理咨询顾问已成为企业的重要智库和核心智力资产。

RESEARCH
AND
INNOVATION

第六章

华强北的手机作坊孕育不出苹果和华为

导 言

华强北,被称为"中国电子第一街"。2007年是其最繁荣的时候,那时流传着一句话:"在华强北,只有你想不到的电子元器件,没有你买不到的元器件。"当时,这里充斥着低端、低质产品,手机作坊遍地。但是,这些走捷径、赚快钱的工厂中没有一家成长为苹果或华为。因此,在混乱的市场竞争中,即使是到了"劣币驱逐良币"的状况,企业也应该保持冷静和理性,着手建立科学的管理体系。研发与创新流程的建立过程,就是围绕客户需求与用户体验不断量化的过程。

一、只注重短期业绩的行为最终只能造出泡沫

中国的手机行业曾陷入一种令商家绝望的红海市场。2004~2008年，全国涌现出上万家大大小小的手机公司，大多数从事白牌手机业务，即没有品牌，而是打着别家的牌照销售。手机市场上出现"劣币驱逐良币"现象，利润降至几十分之一。深圳华强北的白牌手机、黑手机、山寨手机模式对市场冲击很大，既照抄大牌手机外观，又和大牌手机同步推出产品，价格却是其1/10，同时采用大音量、内置流行歌曲等差异化路线，这曾一度令国内品牌厂家难以生存。但最终，品牌手机企业冲出泥潭，群体崛起。2018年，华为、OPPO、VIVO、小米四家占国内手机市场80%以上，彻底击败华强北低价路线的白牌手机作坊。自2016年以来，华为手机站稳了3000元的平均销售单价，年出货量超2亿台，实现了品牌与出货量的飞跃。华为手机主要采取的是靠高品质、高科技实现的用户体验差异化道路。华为率先推出自主研发的人工智能芯片和人工智能手机，使华为手机成为受国人尊重的科技消费品品牌。

曾经在华强北热闹一时的假货手机作坊，没有一家能成为苹果、华为这样持续发展的科技企业。因此，在混乱的市场竞争中，即使是到了"劣币驱逐良币"的状况，企业也应该保持冷静和理性，着手建立科学的

管理体系，打造核心竞争力，以实现更强的创新与技术突破、商业模式突破，才可能获得长期健康的发展，有旺盛的生命力，成功才不会昙花一现。

"坚持不走捷径，拒绝机会主义，踏踏实实，长期投入，厚积薄发"，是很多国际卓越企业及百年企业几十年甚至上百年持续坚持的原则。

"为客户创造价值、创新、品质至上"，已成为多数企业挂在官网及办公室的标语，但并不是每家挂有此标语的企业都能获得很好的发展。一个根本原因是，那只是口号，企业并没有付出代价去建立一套科学的研发与创新管理体系。

企业如果只盯着短期业绩和利润，就会形成"求快钱"的文化。在实际案例中常出现的企业行为有：为了利益，放弃对品质的追求；为了交付订单，全然不顾客户利益；甚至为了节省成本，对投资者伪造管理体系文件，完全把创新当口号。当领导的言行与企业已树立的宗旨背道而驰，一味强调业绩、利润时，中层也会纷纷效法，甚至不择手段地迎合领导的胃口，如造假、相互攻击、捞私利。这种风气传到基层，会进一步放大，致使整个公司陷入各自为政、人人自保、为自身利益投机钻营的氛围。因为抢功、造假会让业绩增长得更快，员工和管理层都不愿意付出更多精力去改进工作。这会极大地损害组织的执行力、竞争力、效率和团队精神。

习惯于用非正常手段获得市场成功的企业，很难建立起真正的管理体系，更不会重视人才培养。可以想象一下，一个渐渐沦为士气低下、能力缺失、行事缓慢、只搞"政治"的公司，怎么会有执行力呢？全体员工每天的关注点都是"短期、快速"，所有的精力都投入马上能看到效果的地方，"长期业绩"怎么会增长呢？因此，企业需要建立科学的研发管理体系，通过不断的创新来抵御各种风险的能力，让业绩增长成为确定性事件。销售额和利润的增长并不代表企业走在可持续增长的道路上。曾经的手机行业巨头诺基亚和鲍尔默时代的微软，都符合这种表面繁荣实则危机四伏的情形。

2008年年初，诺基亚高管庆祝公司利润增长了67%。业绩与利润提升的假象，掩盖了许多问题：组织创新乏力、行动迟缓、对外界"无感"。鲍尔默任微软CEO期间，微软的收入增长了两倍，利润翻了一番，但是企业失去了在全球科技领域的领军地位，成为落伍于移动互联网时代的传统软件企业。用户纷纷迁移到苹果的iPhone和谷歌的安卓系统手机，新业务手机市场份额不足4%，一度处于被边缘化的危险境地。

业绩是企业整体核心竞争力在市场上的体现。仅通过激励少数销售人员或销售团队提升业绩，而没有着眼于整体核心竞争力的提升，容易导致销售组织仅从本部门利益最大化考虑问题，不仅达不成目标，反而容易形成业绩造假、诸侯林立、"山头主义"的现象。打价格战、抄袭、造假等"短视"行为无法给企业带来持续的"造血能力"，短期销售额、利润的增长也不能说明企业走在健康发展的道路上。只有科学的研发管理体系，才能带给企业持续的创新能力，这也是企业真正的核心竞争能力。

二、流程创新是不可复制的核心竞争力

回顾历史，我们发现最终能长期实现业绩增长的企业，都是在研发与创新流程上下功夫的企业。通过对流程的不断革新，创造领先于行业

和市场的研发管理体系，企业才能提高内部执行力、外部适应力和整体产出率。流程需要根据内外环境的变化来优化，企业唯有坚持流程创新才能形成核心竞争力，在几年甚至几十年内产生持久的竞争优势。下面的丰田、ZARA、亚马逊的案例就很有代表性。

到2000年，丰田造车的历史已有20多年，但相比拥有百年历史的欧美汽车厂家，只算后起之秀。然而，正是从这一年开始，丰田开始问鼎全球汽车行业，并且保持至今。这个过程中，丰田依靠的就是独树一帜的流程创新。华为每年投入销售收入的2%左右，用来打造研发与创新流程体系，这让华为能够持续30年高速增长，让华为超过了曾比其强大上千倍、具有七八十年甚至上百年历史的竞争对手。

在服装行业，从设计、采购到生产、零售上架，通常需要6~9个月的时间，单是设计环节，就要花费两三个月的时间。欧洲时装品牌ZARA完成整个流程只需要两个星期。ZARA通过不断对研发与创新的流程进行创新，大大拉近了设计师与顾客需求之间的距离，缩短了新产品的上市时间。此外，ZARA通过大数据，将从门店采集的顾客的反馈信息及时传送给总部的设计师，设计师依据顾客的反馈，快速设计出顺应市场潮流的时尚款式。ZARA每款产品都以小批量的方式生产，所以存货极少。ZARA通过缩短设计周期，甚至可以做到一周两次新货上架，从而吸引顾客频繁地光顾门店。ZARA通过有效整合设计、生产、物流和分销系统，实现了库存周转最大化。

亚马逊从2000年起连续多年成为全球创新领军企业，在多个领域具有创新优势地位。亚马逊是目前全球最大的电子商务公司，出售的产品不仅包括肥皂这样的日用品，还包括自制的类似肥皂剧这样的影视剧。

亚马逊不仅是针对企业的全球云计算服务市场的老大，同时也提供针对消费者的日用品派送服务。亚马逊能够成功驾驭面向不同行业、产品、服务、商业模式、技术的创新，与不断用业界最高标准倒逼其研发与创新流程分不开。亚马逊对客户满意度有近乎苛刻的高标准，这些标准在很多人看来高得不可理喻。例如，在每周领导人例会上，主管们会被总经理逼问一个问题："如何进一步提升客户满意度？"通过这种方式倒逼企业的流程创新。2014年年末，通过流程创新，亚马逊实现了在纽约市少量的消费者日常用品一小时送达服务，即Prime Now。如今Prime Now在美国30多个城市实施，配送商品品类广泛，其中包括电子产品和餐食。在平安夜为顾客送感冒药也是亚马逊流程创新的成果。

研发与创新的流程创新到底包括哪几个过程呢？第一，倾听客户需求，广泛收集客户对企业的建议与问题，制作客户的声音清单。第二，确定研发与创新流程的改进指标，如基础质量标准、用户体验。用户体验指标包括购买体验、使用体验、售后服务体验。第三，审视现有流程的输出与客户需求、基础质量标准、用户体验指标的差距。第四，重新定义流程中的过程，使之符合全新的客户标准。第五，流程回顾与验证。

研发与创新的流程创新是围绕客户需求和用户体验不断量化过程，标准化过程，其中对问题与需求进行准确定义很关键。流程审视阶段，需用零容忍的态度进行客观冷静的质量分析。由于涉及大量对现有流程的打破，卓越企业通常聘请外部咨询顾问来实施，因为管理咨询顾问作为第三方，更容易客观理性地向企业内输入创新思路。

第二次世界大战后,油价上涨触发了第二次世界经济危机(1973~1975年),众多企业为此遭受重创,但丰田仍有丰厚盈利,这引起日本企业学习丰田模式的风潮。第三次世界经济危机(1980~1982年)以后,丰田在美国等市场大获成功,美欧汽车企业也开始争相学习丰田。丰田模式的核心不是某个人有多厉害,而是建立了一套持续革新的管理体系,通过不断改进价值创造过程,激活组织和优化效率,从而实现企业的目标。因此,丰田汽车后来者居上,保持了40年的销量增长,并成为全球利润最高的车企。目前,中国企业与丰田之间的差距还很大。从企业发展重心来看,丰田最重要的关注点是管理体系的创新,而中国大多数企业的关注点是市场营销、财务指标。不注重搭建研发与创新管理体系,轻则造成员工不思进取,做事犹如无头苍蝇,成为公司的累赘;重则造成不必要的资源浪费,增加成本。

人才,应该是公司最重要的发展引擎,充满激情、追求卓越的人才是企业的财富。在一个分工不明、流程不清、效率低下的组织中,人才往往被浪费,成为企业发展的障碍。很多企业拥有少数技术成果,也曾在一段时间为企业创造财富,但这个技术成果来自偶然,因此很快成为老产品。缺乏创新性成果的企业,核心竞争力和发展动力来自哪里呢?有些企业具备研发与管理流程,但对其不进行创新,因此流程没有发挥出应有的作用,而成为企业发展的绊脚石,这导致科研成果转化率很低。更有甚者,生产因研发出错而导致高返工率,延误出货时间,企业发展失控。

卓越的企业在企业管理的每个细节上都引入了外部咨询顾问,借助专家的力量来发展,这也使企业在管理的各环节上都没有死角,避免因"木桶短板"导致企业发展的不均衡。只有企业致力于将管理的各领域都步入国际一流水平,才能高质、高效地产出,赢得客户。为什么研发与创新的流程创新会给企业带来很大的改变？这是因为产品竞争、创新竞争日益激烈，企业间的市场竞争就像跳水比赛，每场比赛中都要有创新点。企业的可持续竞争优势并不是来自单个产品的创新，而是来自组织的可持续创新能力。在研发与创新管理咨询顾问的帮助下，企业可以提高组织效率、纠错能力、学习能力，进而实现流程创新。从亚马逊和丰田的案例可以看出，流程创新是它们实现爆发式增长并保持科技领先的关键因素。可以说，卓越的企业不仅需要研发与创新管理体系，更需要这个体系本身的创新。只有不断革新流程体系，才能使管理体系与时俱进，进而为企业带来持续竞争优势。

三、为什么注定只是昙花一现

相同的环境下，为什么结果完全不同？为什么有的企业始终能够在充满不确定性、混乱或衰退的行业环境中高速发展？

有位著名的企业家曾为自己企业的利润低下、研发投入不足辩解："华为运气好选择了一个利润丰厚的行业，不像我们所在的电子消费品领域，利润薄如纸，艰难如从干毛巾里拧出水来。"不过，华为后来也进入电子消费品领域，与这家公司有同台竞争的场景。后来，这家著名企业的手机沦落为地摊货，而华为手机稳居全球前三。如果总是把企业发展的好坏归于外部环境，那么退出市场是迟早的事。

管理体系的差距导致同一个行业的企业差距不断拉大。例如富士与柯达，这对胶片行业曾经的巨头竞争长达半个世纪，但是进入数码时代后，这两家企业的命运可以说是冰火两重天。2012年1月，柯达市值由高峰时的 300 亿美元跌至 1 亿美元，柯达公司正式申请破产。但是同年，富士公司在美国拉斯维加斯举行了数码相机新品发布会，公司市值达到 120 亿美元。与之相似的是，2017 年，《环球企业家》杂志破产倒闭，但是《创业家》杂志却在中国创业板挂牌上市。2017 年，芯片制造厂上海贝岭宣告破产，但在同一年，芯片代工厂商台积电纯利润却创历史新高。2017 年，冰箱厂新飞电器时隔四年再度停产，离破产仅一步之遥，而同时美的冰箱业务收入增长达 23%，国内增长 27%，创历史新高。这些都说明，行业差异不是导致企业命运不同的关键，管理体系能让同一行业的不同公司有天壤之别。

与此相对应的是，在新机会面前，由于管理能力的差距，企业在市场上表现各有不同。例如，当前中国中高端消费市场正在崛起：社会消费品零售总额连续 14 年保持两位数增长，消费对中国经济增长的贡献率达 58.8%，连续 4 年成为拉动经济增长的第一驱动力。但是，这并不意味着所有消费品企业都生机勃勃。例如，在消费品快速迭代的市场环境下，曾经的鞋业巨头百丽，由于缺乏产品创新、市场预判不足、转型缓慢导致退市。那些以为靠互联网思维包打天下的标杆人物也纷纷检讨，他们认识到管理能力远比营销重要，不是光靠创新口号就可以捕捉新机会。

能够捕捉中国消费品市场高速增长机会的企业，都是拥有核心竞争力并持续创新管理体系的企业，如宜家和星巴克。2019 年，宜家（中国）访客数量超过 1 亿人次，实现零售额 157 亿元，其中线上销售增长 46%。同年，星巴克在中国的销售也保持增长势头，门店数超过 4000 家。星巴克在中国进行数字化创新（如数字点单生意），以及开发新品类（如满足中国人口味的瓶装星冰乐）等，这些都给公司发展带来新的业务增长点。

这些案例告诉我们，没有普适、永久的成功法则，竞争者必须更新竞争策略，与时俱进地革新管理体系。当然，与时俱进并不是意味着不惜一切代价地追逐风口。曾经有不少企业打着互联网思维、O2O、生态、共享经济的旗号，在资本的鼓吹下，造出"伪风口"，然后烧钱维持，直到合并或被收编。这种模式，一度成为公认的发展套路。在每个风口概念下，都诞生了大量风口概念的企业群，"舍本逐末"追逐风口的结局是狼狈倒下。例如，共享单车倒闭潮，互联网思维㊀手机破产潮，新能源汽车 PPT 造车潮。

不少企业为追求虚妄的"风口"，不顾自身的管理体系能否支撑、能力建设是否到位，豪赌一把，结果往往是失败。万达用了四年时间，找来腾讯、百度投资，用 800 万年薪聘请互联网公司的高管任 CEO，追逐风口，最终宣告失败。互联网巨头（如腾讯、阿里、百度）投入百亿元资金追逐新风口，也未必能成功。百度曾投入 200 亿元到 O2O，历时三年时间，搭建了上万人的团队，最终一败涂地。

多数企业认为高薪聘请互联网高管、砸钱是成败的关键。事实证明，如果没有管理体系的变革，几个高管也无济于事。离职万达商城的高管都谈道：虽然是独立的子公司，但企业文化、决策机制和管理体系还是万达风格，跟互联网公司相差甚远，效率低下。

一些企业以为可以持续依赖原有的优势资源，在新的商业环境下取胜，结果却陷入经验主义的泥潭。当"总是这样"取代了"应该这样"，企业就容易身陷迷途而不知返。一方面，有些行业领军企业盲目沉浸于

㊀ 指"硬件不要钱"的模式。

曾经的成功，对颠覆行业的商业模式和新技术反应迟钝。行业的技术性更新换代，是很多公司失去领先地位的重要原因。例如，传统制造业被3D打印和物联网颠覆，传统农业被无人机和传感器颠覆，交通被自动驾驶颠覆，专业服务被人工智能颠覆。

有些上市公司，热衷于引入一两位人才，成立物联网、大数据、人工智能等新业务部门，然后进行圈钱、烧钱。企业内部没有形成系统化的创新管理体系，新业务的投资如蜻蜓点水或撒胡椒面式地流于形式，就无法转换成商业上的成功，无法推动企业业绩的提升，更无法形成企业核心竞争力。

这种盲目投资、追逐新机会的行为，往往导致不但新蓝海没有开拓出来，而且主营业务也无暇顾及，企业的压力与日俱增。如果企业只是寄希望于外部经济环境和少数高端人才，那么就很容易陷入"挣扎的困境"，即无论外部环境好或坏，企业总是处于"寻食求活"的状态。

历史证明，面对充满不确定性和竞争日益激烈的外部环境，企业应该加强自身的管理体系建设，即系统化地建立研发与创新体系。企业曾经的经验和市场地位，随时都可能被"不可预测的对手"颠覆。瞬息万变的商业环境下，企业没有试错的机会。

从单个行业的角度来看，不同水平的管理体系会导致企业效益的千差万别。从整个商业的角度来看，"不可预测的对手"已然时刻准备着颠覆所有行业。那些国际上顶尖的科技公司已做好准备，它们建立了系统化的研发与创新体系，并持续对流程进行创新，收获也是巨大的。因此，无论是"被动"还是"主动"，中国企业都应该把管理水平提升上来，只有持续革新管理体系，才能冲出泥淖，奔跑在市场的最前端。

四、模块化研发与外包可以加快产品创新并保持品质稳定

你知道波音 787 机型是怎么研发生产出来的吗？与大家想象的不同，它并不是由波音公司一家完成的。波音 787 飞机的设计先是被拆解成多个模块，然后全球几十家合作企业参与到飞机模块的研发与生产，并将这些模块进行预先组装，之后将它们运送到波音做最后的组装。其中，日本的三菱、川崎、富士分别负责研发与制造机翼、前机身、中央翼盒，瑞典的萨博负责货舱门。波音公司只保留核心设计和研发与创新能力，以及最后的集成组装和测试。

波音的这种方式叫模块化研发，即将产品从系统中拆分为多个相对独立、保持标准化接口的共用模块。这种方式有助于降低产品研发和品质管控的复杂度，提升效率、可靠性和一致性，从而获得规模研发的效率，并大幅降低研发与生产成本。这种方法可以在面向客户的最终产品上实现创新的丰富性，而设计和生产只需要对不同的模块进行组合装配就可以得到不同功用的产品。

企业对共用模块进行非同步的研发升级，就可以推动面向客户的整体产品的灵活创新。例如，特斯拉公司精心设计汽车内部模块划分，以及不同组件间的接口，以便各模块能够独立创新研发。如保险杠可以在研发中随意改动，只要和其他部件的接口保持一致即可。为了改进 Model S 的制造和性能，特斯拉每周会完成约 20 项模块级的升级，包括新的电池组，安全性能，自动驾驶硬件，自动调节方向盘、座椅，让驾驶员进出更方便的软件等。这使得特斯拉的产品设计功能更为丰富，每年都可以推出多种车型。在美国特斯拉的销售店，

特斯拉汽车只展示底盘，像是尚未完工的半成品，其他 2/3 的部件可以任由客户挑选不同的模块进行定制组装，墙上挂着五六种颜色的汽车外壳。

与此相似的是，2019 年，菲亚特推出一款可定制的模块化电动汽车，可以根据客户的需求，最大限度地按个性需要自由定制。同一款汽车，客户可以在四种不同的车顶、保险杠、轮毂盖中选择，此外，喷漆、中控台、方向盘、座椅、音响设备、电池都可以定制（见图 6-1），各种选项搭配组合起来可以提供多达 200 种款式。

图 6-1　菲亚特发布可定制的模块化电动汽车

模块化设计已成为同时面向不同的客户需求进行定制研发与生产的关键，共用构建模块可以有效提高产品开发的质量、创新的效率。当客户的需求千变万化时，模块化的研发与生产方式变得尤其重要。共用模块具有以下特征：共用性强，可方便地被集成，界面清晰，功能性能指标明确，可独立维护，测试性强，有完善的资料手册等。

宜家在设计书架组件时规定了标准的接口，不同组件可以自由地被组装到一起，通过更换不同的组件适应客户多样化的需求，同时具备规模生产性。

手机研发费用曾动辄数百万元，但随着芯片设计厂商基于"模块"开发的推进，手机产业的门槛大大降低。即使是两三人的手工作坊，也可以通过购买不同的模块，按照用户需求组装出一款手机。

在软件和互联网领域，软件模块化、软件工具化是趋势。根据客户需求凭空去开发一个软件产品，项目周期很难控制。但是，将其分成数据库、用户界面、控制、数据分析、图像处理、算法等，采用不同的软件模块和软件工具，进行组合式研发与创新，则可以大幅提升交付效率和客户满意度。

Facebook 就是极度重视软件模块和软件工具的互联网公司，它有两个工具组，其中研发工具组（DevTools）专门负责软件研发工具的开发和维护，提供帮助内部软件工程师提高开发速度和质量的工具。软件工具开发的基本理念是：凡能被很多人不断重复的好习惯，都要将其自动化，绑定到工具之中。

在企业里实施共用模块化的开发，是对整体研发文化及流程的改变，使研发组织也变得模块化，甚至采用了跨越公司的边界和国家的边界的研发组合形式。原本基于职能分工（如软件、硬件、结构）的组织被打破，成为一个个看似松散，实则通过共同的品质标准、对标准接口的测试而联结的模块开发团队。模块开发团队往往是一支多元化的混合开发编队，跨越了专业的划分。

模块化同时也推动了研发的外包。如果公司内模块的开发效率和最终的技术指标远低于采用外包资源，外包就会对内部模块研发团队形成竞争压力，从而推动公司整体快速响应客户的需求。这样将使内部研发团队在外部竞争压力下不断超越，突破自己能力的"天花板"。这有助于实现柔性研发和研发资源的最优配置。有的公司为了促进模块开发团队的积极性和竞争力，还将一些通用模块销售给外部的企业甚至竞争对手。例如，三星既是销售智能手机整机的公司，又向竞争对手（如苹果）销售模块和部品。

模块化的开发和组织，一方面对基于整体技术系统的分析、架构、运营和测试要求很高，另一方面有赖于信息传递系统。这使得每个模块单元及每位开发成员都能快速、并行地接收和反馈研发进度，及时收到协同通知。当日本企业还在椭圆会议桌旁，基于级别、职位高低而安排不同的座次开研发讨论会时，美国企业已开始用邮件，并行地向团队不同层级的数百甚至数千人进行高效的信息传递。对信息技术的规模应用被认为是美国企业在2000年以来再次超越日本企业的重要原因。亚马逊公司每日能部署上千个软件，因为其IT架构的设计就是为了帮助开发人员在不损害公司复杂系统的前提下，快速、高频地发布内容。Facebook的IT系统可以做到对每个工程师每天提交的代码模块进行自动规范审核、自动测试、自动告警，以及人工的审查和讨论。

"每个人都部分正确，但加在一起就是错的！"这是模块化研发常遇到的问题。要避免产生每个模块都陷入盲人摸象式的错误，所有共用模块和共用工具的开发都应基于较强的系统架构设计。此外，还需要在研发过程中将其细分到不同开发阶段的测试审核，以及采用基于模块、子系统和系统级的测试。在研发的过程中，还应确保各个模块都能得到并行发送的信息并进行交互反馈和讨论。当出现开发重叠时，由权威的技术判定团队进行裁判，以避免重复开发。

模块化研发受益于开发工具和测试工具的发展。因为新的开发和测试工具能让远在千里之外、完全不同语言和时区的人，甚至压根不是同一公司的工程师合作。这样就可以实现24小时全球接力，协同创造一些有创意的技术和产品。穿越了地理和时间的界限，成千上万人可以共同创造一个技术和产品的平台，完成一个复杂巨大的研发与创新项目。这些紧密的联系可以跨越大洲，跨越国界，产生巨大的项目协作的能量。这种协作的能量，也是推动科技发展的新方向。

模块化研发不仅在飞机行业、汽车行业、手机行业和软件行业非常普遍，药品行业更是严重依赖模块化研发的理念。药品的研发周期很长（见图6-2），从起初的研究到后面的产品化再到生产，各个阶段都要通过行业严格的验证测试，有的要长达10年以上。药物研发的失败率很高，最多只有1%能上市销售，99%会因各种原因在中间阶段中止。原研药的成功率更低，进入药物开发管道的5000～10 000个先导化合物中，往往只有1个能最终获得监管部门的新药批准。

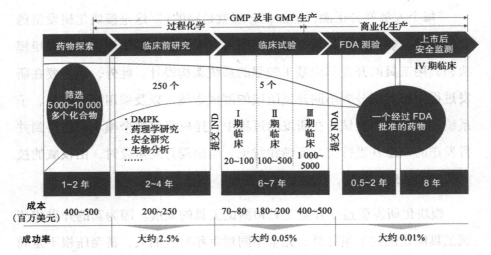

图 6-2　药物研究与开发过程

资料来源：生物探索，解读 CRO 行业：CRO 行业概况，http://www.biodiscover.com/news/research/2943.html.

合同研发组织（contract research organization，CRO）因此应运而生，它是通过合同形式为医药企业在药物研发过程中提供专业化外包服务的组织或机构。合同研发与生产组织（contract development and manufacture organization，CDMO），是通过分解成模块，采用合同外包研发与生产的组织。包括临床阶段和商业化阶段，医药企业从临床一期或二期开始给客户提供新药合成所需的中间体，进而在新药上市审批、商业化生产阶段与客户进行深度绑定，帮助医药企业提升在产业链中的位置，以高附加值技术取代单纯的产能输出（见图 6-3）。CRO 接受医药企业的委托，执行新药研究中的部分工作。CRO 于 20 世纪 70 年代起源于美国，是药品研发分工专业化的产物，随着新药审批制度的日益严格以及新药研发越来越复杂，医药企业将越来越多的研发工作外包给 CRO。CRO 大大提高了医药企业新药上市的速度，降低了医药企业的管理和研发费用，从 20 世纪 90 年代开始已经成为全球医药研发产业链中关键的一环。CRO 在美国已发展到 300 多家企业，欧洲有 150 多家，中国有著名的上市公司药明康德等。

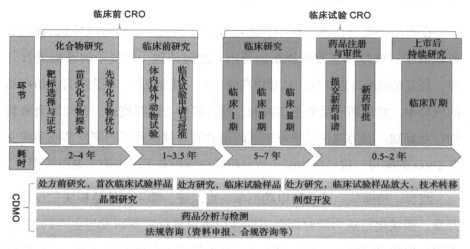

图 6-3　CRO 和 CDMO 开发流程及各模块内容

资料来源：William Blair & Company, Pharma Projects、南方所公开信息、国金证券研究所。

CRO 业务可以分为临床前 CRO、临床试验 CRO 两类。临床前 CRO 主要从事化合物研究服务和临床前研究服务，其中化合物研究服务包括靶标选择与证实、苗头化合物探索、先导化合物优化；临床前研究服务包括体内体外动物试验、临床试验申请与批准。临床 CRO 包括临床研究、药品注册与审批、上市后持续研究三个阶段的研究，其涉及临床Ⅰ期、临床Ⅱ期、临床Ⅲ期、提交新药申请、新药审批、临床Ⅳ期。

除研发外，CRO 还可为委托的医药企业提供以下范围的专业化研发服务：代理药品注册申请及临床试验报批、申报资料的翻译及准备、试验方案的起草和完善、研究者及参试单位的选择、中心试验室的提供或选择、标准操作程序的制定、研究用药的设盲包装、多中心随机化及管理、病例报告表的设计、研究者手册的准备、试验进度的安排及组织协调、试验和用药的安全性报告、试验数据的处理和统计分析、质量控制和质量保证、撰写临床试验总结报告等。

在药品研发与创新过程中，采用模块化研发、过程分段外包的模式，可以减少三成整体研发与创新的费用。通过外包，将复杂的流程进行分段，使复杂程度得以降低，从而提高成功率，减少风险，极大提升创新产品的成功率，缩短新产品的上市时间。这种研发与创新模式，有可能会被其他行业复制。因为现在几乎每家医药企业的每款创新药的研发都或多或少有CRO的参与，这已成为制药行业研发与创新必不可少的重要组成部分。

波音、特斯拉、菲亚特电动汽车、宜家等，都采用的是模块化设计与开发。模块化已成为同时面向不同客户需求进行定制研发与生产的关键，采用公用构建模块可以有效提高产品开发的质量和创新的效率。模块化研发同时也推动了研发的外包，这样可以获得最优化的研发资源与效率。

RESEARCH
—— AND
INNOVATION

小结

管理层只注重短期业绩，容易导致企业管理失效。将研发与创新从系统中拆分为多个相对独立、保持标准接口关系的共用模块，有助于降低产品研发和品质管控的复杂度，提升效率、可靠性和一致性，从而获得规模研发的效率。开展模块化研发后，可以采用外包来提高效率，降低成本。外包有助于内部研发团队在外部竞争压力下，不断突破自己能力的天花板。现在几乎每家医药企业的每款创新药的研发采用模块化开发的理念，都或多或少有CRO的参与，这已成为制药行业研发与创新必不可少的重要组成部分。

RESEARCH
——— AND ———
INNOVATION

第七章

没有浅尝辄止的成功：研发与创新需要深度

导　言

　　几十元的吹风机到处都是，不过最受热捧的却是 3000 元的戴森。在中国这个讲究性价比、竞争激烈的市场上，戴森产品的价格虽然高于同类产品近 10 倍，却依然走俏，戴森在中国的年销售额已超 100 亿元。戴森把自己定位为科技公司，开展深度的研发与创新，在多个细分领域拥有多项核心技术。还有苹果公司，它通过对芯片进行技术规划实现超越竞争对手两三年的产品优势。卓越的企业是极少数的，多数企业没能走向卓越，一个重要原因就是不能坚持品质至上的理念。质量不仅是生产出来的，更是设计出来的。中试管理也是质量体系的一部分。领先的纯互联网企业（如 Facebook），也开始采用大量的自动化测试工具来完成研发过程的测试。

一、3000元的吹风机抢着买，20元的吹风机无人买

中国很多小家电企业常年处于低价竞争的困境中，产品卖不上价。就算利润已经薄到几毛钱，消费者仍不买账。中国是制造大国，消费者讲究性价比，市场竞争激烈。很多企业都很困惑：如何才能让产品畅销，同时又能卖得上价格，让企业有利润。

有些家电企业，包括一些互联网企业，热衷于增加产品品类，认为产品目录里有五花八门的产品就是创新。

研发与创新不是把产品生产出来，可以使用就算完成，而是涵盖用户体验、外观设计、软件、硬件、结构等多方面的提升。它不仅是系统级的，还涉及部品级的。从研发过程维度划分，包括设计、研发阶段，还涉及新产品导入、生产工艺、加工设备、品质管控等生产制造环节，以及材料、工艺、供应链、合作伙伴联合创新等多个层面、多个维度的研发。事实证明，只有具有一定深度的研发与创新，才能生产出真正让消费者心仪、具有竞争优势的产品。

20元的吹风机也能吹干头发，但是，3000元的戴森吹风机（见图7-1）带给客户的是中空、静音、不伤头发、低温度、高风速。戴森吹风机能

让头皮表面的毛鳞片在极短的时间内得以闭合，使得头发柔顺、贴合、闪亮。客户在干发的同时，亲身体验到了变美。这种体验，让它刚问世就成了网红产品。戴森的另一款高科技小家电产品戴森美发造型器，可通过马达驱动产生高速、高压气流，推进空气沿卷筒表面流动，通过水分与温度的适当结合，让发丝沿气流自动卷绕。

图 7-1　戴森中空负离子护发吹风机，使用了 Air Multiplier™ 气流倍增技术

30 年来，戴森公司以研发生产吸尘器而闻名。2016 年，戴森刚进入吹风机、美发器领域，就被誉为小家电里的"苹果公司"。依托深度研发与创新成果的戴森公司，赢得了市场和消费者好评，并收获了丰厚的利润。从 2014 年开始，中国已经成为戴森公司全球增长最快的市场。2017 年，戴森在中国市场的营收突破百亿元。

戴森公司的产品只有吸尘器、吹风机、美发器等寥寥几种，虽然每款产品的价格是同行的数倍，但往往是消费者的首选。这值得很多中国制造企业、互联网企业借鉴学习。

戴森公司的成功不仅在于产品，而且有大量的深入底层和全方位的研发，既有深度又有宽度。戴森根据流体力学原理进行倒推分解，从而得以在上千个维度进行深入的研发与创新，在多个细分领域拥有核心技术甚至排他性技术，戴森把自己定位为科技公司，而不是一家传统意义上的家电制造商。戴森公司对"小产品"进行深度的垂直研发与创新，深入产品所用到的每个构件，如电机、电池、陶瓷材料等。而且，还深入流体力学应用、机器人生产技术、人工智能、自动驾驶视觉系统、空气净化系统等前沿科技，成为名副其实的全球高科技领军企业。

戴森公司基于物理原理的研发与创新可以追溯到30年前。20世纪80年代，50多岁的戴森在车库里创业，5年时间里先后制作了5127个原型机，最终开发出第一款明星级产品——双气旋真空吸尘器"G-Force"。这被视为自1908年第一台真空吸尘器发明以来的吸尘器的首次重大科技突破。戴森颠覆了传统吸尘器的设计模式，解决了老式真空吸尘器气孔容易堵塞的问题。

在部品研发与创新上，戴森V10无绳吸尘器采用自主研发的新式发动机，转速达到每分钟125 000转，比一级方程式赛车的发动机快8倍，比大型喷气机的发动机快10倍，拥有超强的吸力。

在材料的研发与创新上，戴森V10无绳吸尘器发动机中的轴承采用的是陶瓷材料，可以减少发动机转动时产生的不稳定。发动机中的磁极数量从原来的四级提升至八级，强大的吸力能让吸尘器吸除家中留存的过敏原。吸头采用航空级碳纤维管，将高速组件放在碳纤维管里，以实现抗高温。

在基于流体力学的研发与创新上，戴森的专利气旋技术可以分离吸入空气中的大颗粒垃圾和微尘，通过旋转提供的离心力将它们甩入尘筒。装在机身后部的过滤系统对小至 0.3 微米的微尘的筛除率达到 99.97%，可以防止空气被二次污染。

在软件等前沿技术的研发与创新上，戴森公司采用机器学习和先进的人工智能技术控制转速，以防止因转速太快导致内部磁铁温度极高对产品的安全性和寿命造成影响。戴森 360 Eye 智能吸尘机器人采用了全景摄影技术和人工智能技术，用得越久越聪明，甚至可以找到袜子。

在面向快速生产制造的研发与创新上，戴森公司的全部产品由 300 多个机器人精心制造，不需要人手接触，每 12 秒就能造出一件产品，产品完全自动生成。

研发与创新的深度不是"一劳永逸"的，需要聚焦和持续投入。自 1997 年以来，戴森公司在高效强力发动机技术方面的研发投入已有近百亿元。戴森公司的产品线完全围绕戴森发动机、陶瓷材料、气旋技术、人工智能等几项核心技术，使得其推出的每一款产品都具有远超同行的巨大创新表现。戴森公司的产品种类只有两三种，但推出的每一款产品都能成为全球顶尖产品，远超竞争对手。吸尘器、无绳吸尘器、智能吸尘机器人，这些是基于戴森"吸"的核心技术；中空吹风机、无叶风扇是基于戴森"吹"的核心技术；超声波加湿器、空气净化器既是基于戴森"吸"的核心技术，也涉及其"吹"的核心技术。

在供应链联合创新上，戴森公司在 2015 年以 9000 万美元收购了美国的创业公司 Sakti3，实现了对上游核心技术的控制。Sakti3 在固态电池设计方面取得了重大突破，相比三元锂电池，其固态电池在能量密度、电池形态、安全性等方面均有着更好的表现。戴森公司为此投资约 13 亿美元建立了电池工厂，用于推进固态电池的量产。除电池管理系统 BMS 软件技术外，戴森公司还研发出一种更轻、能量密度更高的 7 芯高能锂电池组，以提升无线吸尘器的续航能力。谁能想到，做小小吸尘器产品的戴森公司拥有全球锂电池 6% 的市场份额，是领先的固态电池科技和生产厂家呢！

戴森公司在上千个维度开展深度的研发与创新，在多个细分领域拥有核心技术。戴森公司的成功再次说明，没有浅尝辄止的成功，研发与创新需要深度！

二、技术规划与技术开发是研发与创新的利器

"工欲善其事，必先利其器"，这句话在研发领域的应用是：技术规划与技术开发是研发与创新的利器。例如，在种植业，特殊的肥料是褚时健研发与创新"褚橙"的核心技术。如果在果树开始结果时才想起肥料技术的研发，肯定来不及。树上的果子结得甜酸度如何，不仅取决于种植的过程管控，更取决于对肥料、土壤等的研究。在研发项目中，产品开发的过程中才考虑核心技术的研发，往往已经来不及。核心技术提前规划和提前开发，才能为项目的快速交付以及产品开发的竞争力和效率提供保障。

研发与创新需要根据公司的战略确定支撑战略所需的技术，确定对公司发展产生影响的新技术，并对新技术的发展情况进行跟踪、研究，对相关技术的掌握程度进行维护，随时更新其在内部所处的地位。

企业里要有专门做技术规划、技术开发的团队，这样企业才能够搞清楚这些产品后面需要哪些技术做支撑。研发与创新就像行军打仗，需要有一张技术地图。对可能涉及的技术要点、人才分布、国内与国际的水平、国内外的掌握程度、本公司的掌握程度，以及技术来源的分布、未来1～5年的阶段输出等，都能详细说明。有了技术地图，才有可能为项目研发和产品开发提供支撑。

技术规划流程是根据产品规划、产品平台规划、行业趋势分析、竞争对手分析等，对技术研发的路标进行编制，对技术在未来1～5年的发展进行预测和规划。指导技术开发团队根据路标指引，先于产品开发进行技术研发，以降低产品开发项目的技术风险。相比产品规划，技术规划需要体现企业3～5年后的战略愿景，要让长期战略拉力、短期市场拉力、行业技术推力三者保持平衡。

我们可以从苹果手表Apple Watch看其在可穿戴领域的技术规划路线，来体会技术规划的超前性，以及对产品特性的影响。从2018年的苹果产品发布会上，可以看到苹果公司对于芯片的部分技术规划。Apple Watch 4能够检测到人摔倒的动作，并提示拨打急救电话，这是由于苹果芯片采取了加强版的加速度传感器技术。新一代加速度传感器将加速器传感的动态范围提高到了原来的2倍，传感器的采样速度提升到了原来的8倍，极大提高了Apple Watch 4对环境的敏感度。

面向医疗健康的传感器技术是苹果公司可穿戴产品的创新焦点。人体传感器最重要的特点就是要能实现持续测量并获得连续信号，这是未来精确化医疗的重要条件。Apple Watch 4 的一个亮点是采用了心电图 ECG 传感器，从而能检测心脏房颤。上一代苹果手表中已采用 LED 灯配合心率传感器，用来检测心率。Apple Watch 4 的 ECG 功能实现由表盘底部和表冠上的两个电极实现。在测量 ECG 时，一个电极自然贴近手腕，而另一只手的手指放在表冠上持续 30 秒，在这 30 秒内 ECG 传感器电极会发射微电流并检测返回信号，从而完成 ECG 的测量，并把 ECG 测量结果储存到苹果手机的 Health App 中，以方便健康管理。目前 Apple Watch 4 的 ECG 功能已经通过了美国食品药品监督管理局（FDA）的认证，其测量结果可以作为医生诊断的辅助依据。苹果手表核心技术（传感器）的未来发展方向是，一方面提高采样精度，另一方面在精准医疗方向上开发更多的人体传感器。

未来苹果手机产品的重要差异化特征，将由人工智能（AI）和增强现实（AR）的结合带来。通过摄像头 AR 的应用，结合芯片 AI 的处理，可以带来很多独一无二的功能。例如，可以帮助用户在打篮球时通过摄像头自动识别投篮类型、手臂角度、跑动速度、投篮角度等，将这些信息叠加在实时真实场景中实现 AR 的效果。这些自动识别的背后是复杂的 AI 算法，包括人体姿势的识别和物体的识别等。苹果在核心技术 A12 处理器部分，采取了 AI 结合 AR 的策略。

在苹果 A12 SoC 中，对 AR 部分的支撑硬件包括做渲染的 CPU、GPU，生物神经网络引擎 Neural Engine 芯片和图像处理 ISP 芯片，惯性传感器等。为对 AR 提供 AI 算法的支持，苹果公司放上了 8 核的生物神经网络引擎芯片模块。这样可实现 5Tops 算力的神经网络相关高速计算，完成算法的实时演算。这相比上一代快了8倍多。ISP芯片作为AR的重要模块，通过运行双摄像头相关算法实现景深识别，这使其成为AR应用中的重要部分。

在性能指标的提升上，苹果新手机中发布的主芯片A12 Bionic，采取了7nm制程。A12总共包含60多亿个晶体管，集成了6核CPU和4核GPU。在6核CPU中，有2个是"性能内核"，这类似于ARM架构中的大核，可在执行游戏等应用场合提供高性能；另外4个是"能效内核"，类似于ARM架构中的小核，在上网收发邮件等常规操作中可提供较长的待机时间。在性能指标上，大核芯片速度快了15%，功耗降低了40%，而小核芯片则把功耗降低了50%。

技术规划需要识别技术趋势、客户需求、与竞争对手的差异、企业自身的优势和弱点，绘制出具备里程碑标注的技术路径图。关注市场、业务、产品、售后服务、技术、知识产权、资源和技术要素，并在1～5年的时间区间内体现规划要点的实现细节。

技术规划与技术开发流程，与产品规划和产品开发流程同等重要，通常包括启动、分析、融合优化、执行等几个阶段，在每个阶段设立阶段输出和评审点，做好预算，并有专门的团队保障资源到位。

技术规划与技术开发是研发与创新的利器。核心技术提前规划和提前开发，才能为项目的快速交付以及产品开发的竞争力和效率提供保障。技术规划需要体现企业3～5年后的战略愿景，要让长期战略拉力、短期市场拉力、行业技术推力三者保持平衡。从苹果产品发布会上，可以看到苹果公司清晰的技术规划路线。苹果手表将在精准医疗方向上开发更多的人体传感器，同时提升采样精度。未来苹果手机产品的重要差异化特征，将由 AI 和 AR 的结合带来。技术规划需要识别技术趋势、客户需求、与竞争对手的差异、企业自身的优势和弱点。

三、产品规划离不开产品平台规划

很多公司忙于各种研发项目，但问其为什么做这个产品时，包括上市公司的很多回复都只是简单的一句话："老板说要做。"今天老板说做这个，明天说做那个，导致公司的研发无论如何努力都赶不上"老板说"。这是极不严肃和经济的一件事。研发和创新涉及大量人员和物料的投入，资金投入大，一旦研发失败，巨额的生产设备、厂房、物料及研发人员的投入全部都会打水漂，但是有些公司的研发立项、决策却是如此地随意。一秒钟决策做什么，一年时间做出来，这种立项方式往往容易导致失败，导致企业研发资源的极大浪费。

研究做什么产品极其重要，这个过程叫作产品规划。产品规划需要专门的富有创新想象力的团队花时间调研、分析和深度考虑。我经常问企业总经理三个问题："未来一年做什么产品？未来三年做什么产品？未来五年做什么产品？"结果，能够回答未来三年做什么产品的企业就很少了，一般总经理只知道一年内、一个月内做什么产品。企业愿意花大资金甚至举债做一款产品，却不愿花一定的时间和金钱去充分调研和规划做什么产品。结局是可悲的。

缺乏产品规划将极大影响研发与创新的效率。以爬山做比喻，最浪费时间的事情是走错了路，即发生了南辕北辙的方向性错误。耗费几年时间却发现研发与创新的方向是错误的，遇到南墙时已转身困难。这浪费的是机会成本,企业与企业之间的差距就是这样被拉开的。还经常遇到企业出现两边"踢球"的现象,如研发部说:"公司要求做的产品,我们都做出来了,如果卖不出去,那就是市场销售有问题。"销售部、公司老板常给出相反的意见:"公司的战略眼光无比正确,但是研发部就是研发不出来。"企业内部两种截然不同的声音反映出企业没有正规化的产品规划流程。走到哪里算哪里的"散步式"研发,以及"一秒钟式"决策,都容易导致整个企业陷入迷茫和混乱。缺乏科学的产品规划流程,容易导致在产品发展方向上发生较大分歧和混乱。

企业要有专门的团队开展产品规划,即通过长期跟踪行业、客户和竞争对手新的变化,以及根据客户需求的变化、当前创新的焦点和竞争对手分析,结合企业自身技术及市场的优劣势,做出分析,并按照决策流程做出决策。

产品规划还涉及一个很重要的概念——产品平台规划,即规划产品是基于什么产品平台、技术平台进行研发。我曾咨询指导过的一家企业,之前曾花四年时间开发了一个手动的慢落马桶盖。很多卓越的科技企业做一个优秀的产品,一年就能做出来并投向市场销售,后面的研发是在前面产品的基础上再深入解决部分技术难点,如此持续下去。基于产品平台做产品,先做产品平台再做产品,而不是在产品研发的过程中去解决大量的技术难点和技术不确定性问题。例如,在C&C08数字程控交换机的产品平台基础下,华为公司不到一年的时间就推出了接入服务器,一度占据中国80%的市场份额,使互联网设备全球第一的企业思科公司第一次被大幅超越。只有基于产品平台的产品研发,才能同时保证研发速度和较高的产品品质。

缺乏产品规划,在"走到哪里算哪里"的误打误撞中,很难研发出优秀的产品。很多企业的研发部多年研发不出实质性的好产品,但众多卓越的科技企业很短时间内就可以做出一个世界级的先进产品,两者的区别就在于产品规划能力,而这往往不被企业所重视。产品规划中的产品平台规划尤其重要,这包括产品品类、产品族群的规划,就像需要在一根葡萄藤上结出很多葡萄。其中需要注意的是,天马行空做产品的失败率很高,产品规划需要聚焦和很强的针对性。如果有外脑指导,如研发与创新管理咨询专家的指导,引入外部观点和科学的规划方法,有助于减少失误。例如,有一家企业本来是做 B2B 市场的,突然有一天老板宣布企业要向 B2C 消费产品领域进军,这是企业从未涉及的技术和领域,企业没有任何此领域的产品、人才和技术积累,甚至连基本的生产制造技术都不具备,这种产品规划的风险是很大的,无异于一次白手起家。虽然从市场角度分析,市场有重叠之处,即都有可能销售给汽车专卖店,但是从产品研发角度来看,这两个产品技术相差很远,在毫无技术积累的情况下贸然进入,面临的技术风险将会很大。在产品平台规划方向上的错误,导致这家企业花了两年时间才推出第一个车载 GPS 产品。产品面市过程中,第一批试产 2000 台,共花费 1000 万元,但因技术问题全部报废,浪费惊人。这种"突发奇想的拍脑袋决定"的产品规划,在企业的研发中并不少见,带来的损失巨大。

让我们回顾一下苹果公司的产品线,似乎每款产品看上去差别很大,2000 年以来推出的新产品有音乐播放器、智能手机、平板电脑,这些都是不同的终端产品。但是,苹果所有产品里面的核心软件技术,如操作系统、浏览器等,都是在同一产品平台上变化。此外,几款产品在芯片研发上也有诸多可借鉴之处。苹果产品的差异化体现在硬件载体和外观上,内里的软件可重复利用率达 80% 以上。例如,智能手机 iPhone 推出新机，平板电脑 iPad 会同步进行产品升级，其他新款产品也会同步推出，因为这些产品都基于一个软件产品平台甚至硬件产品平台，产品平台的新版本出来后，产品也同步升级推出新款。

图 7-2 是苹果 iOS 产品平台的规划，平板电脑 iPad 和智能手机 iPhone 等不同形态的产品都会用到。我们可以从中学习到苹果在产品平台规划上的与时俱进、超前的技术思维以及生态合作精神。

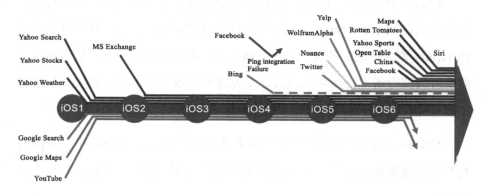

图 7-2　苹果 iOS 产品平台规划

iOS 1：苹果公司开发的移动操作系统的第一个版本，产生于 2007 年。苹果与互联网巨头谷歌展开合作，谷歌为 iPhone 手机提供了搜索、地图和 YouTube 等重要服务。于是，苹果在基于第一个 iOS 1 版本的 iTunes 应用商店里，精心打造了几款原生态应用，包括由谷歌和雅虎提供的 YouTube、地图、天气、股票应用以及搜索引擎服务。

iOS 2 和 iOS 3：在推出 iOS 2 操作系统时，苹果引入了 iTunes 应用商店。之后苹果专注于提升 iOS 平台的核心功能，并通过赋予开发者更多的权利和控制权，使应用商店升级为苹果的核心技术能力。苹果很早就敏锐地观察到，单靠苹果一家开发软件满足数亿消费者需求的时代已经过去。应用商店为苹果带来了独一无二的竞争力，成为苹果满足"小众"用户个性化需求的解决方案库。

iOS 4：苹果在 Safari 浏览器中加入了对微软新搜索服务 Bing 的原生支持。苹果不再为用户列出搜索引擎选项，而是简单地以"搜索"取而代之，这被视为苹果淡化第三方搜索品牌谷歌的一个举措。

iOS 5：社交软件 Twitter 成为第一款被广泛整合进 iOS 的非苹果服务，用户可以在 Photos、Safari 等通用应用里使用 Twitter 服务、开发者也可以将 Twitter 整合进他们开发的许多其他应用，供用户使用。这一整合迎合了消费者的流行需求，使苹果及其开发者的用户数大幅增加。同时，苹果将自家开发的 Siri 打造成为 iOS 5 操作系统中的个人助理。

iOS 6：中国市场为苹果带来惊人的销售增长后，苹果将中国最流行的本地化服务加入了 iOS 6，包括新浪微博、百度搜索、优酷视频和土豆视频等。

从以上苹果对操作系统 iOS 的平台规划上可以看到，苹果在产品平台规划上顺应潮流，选择与优秀的第三方公司合作，将它们最优秀的应用整合到 iOS 平台，实现了双赢。产品平台并非一成不变，而是要与时俱进，及时整合当下的新技术，对客户需求的变化做出响应。以产品平台为基础，可以快速开发并形成产品系列，从而大大缩短研发周期，降低研发成本，提高新产品的质量，同时也能降低产品的制造和维护成本。基于产品平台和客户化设计才可能制定出有效的产品规划。基于产品平台的产品开发，产品的质量、进度和成本能得到很好的控制和保证，同时降低产品的研发复杂度，使企业产品开发的技术风险也大为降低。没有明确、自主的产品平台，很难快速、系列化地开发出产品。如果企业的产品平台规划能力与开发能力薄弱，会对产品开发产生直接影响，使产品的开发进度和品质难以得到保证。

此外，产品平台跟产品规划一样，需要主动地更新换代，要进行生命周期管理，这样企业才能在竞争中保持领先。例如，2019年6月，苹果在操作系统的平台规划上再次做出重大调整，除更新原有的四大平台操作系统（Mac OS、iOS、TV OS、Watch OS）外，苹果还给iPad带来独立的操作系统iPad OS，形成新的产品平台（在iPad上的应用便是基于此），这使iPad摆脱了之前iOS系统的限制，独立性更强。例如，在操作交互、App界面和文件管理上有更多的差异化特性，进一步增强了iPad的可操作性。例如，iPad OS支持同屏多任务功能，使文本的分屏操作成为可能。再如，用户可以同时打开两个窗口，一边看邮件一边写邮件，操作效率大大提高。但是，iPad OS还是基于iOS平台系统，仍然跟随iOS平台进行升级。基于iOS 13的更新，全新的iPad OS和iOS 13一样，打开App的速度会提升两倍，Face ID面部解锁的速度也会提升30%。iOS 13上的很多新特性同样也被移植到了iPad OS上，比如更快的运行速度、更小内存的App、深色模式、ARKit 3、全新的Memoji等。

"散步式"研发和"一秒钟式"决策，都容易导致整个企业陷入迷茫和混乱。短时间就可以做出一个世界级的先进产品，成功的关键在于产品规划能力，产品规划需要聚焦和很强的针对性。苹果所有产品里面的核心软件技术（如操作系统、浏览器等）都是在同一产品平台上变化，软件可重复利用率达80%以上。产品平台并非一成不变，而是与时俱进，整合进当下的新技术，对客户需求变化做出及时响应。

四、坚持有品质保障的创新是企业命运的分水岭

2014 年德国大众汽车集团税后净盈利 110.7 亿欧元，但是，2015 年税后净亏损 13.6 亿欧元！仅仅一年的时间，一家企业从巨额盈利走向巨额亏损，背后的原因是对品质理念的放弃。2015 年 9 月，美国环境保护署（EPA）指认大众在部分柴油车上安装专门应付尾气排放检测的作弊软件，使汽车能够在车检时以高标准过关，实际行驶时却大排污染物，有些车甚至排放超标 40 倍。大众汽车集团"排气门"事件爆发。随即，美国开始禁止大众汽车集团所有新款 2.0 排量的柴油车在美销售，之后又将禁令扩大到 3.0 排量的大众、保时捷和奥迪品牌柴油车。2015 年 9 月 28 日，德国大众汽车集团将向美国地方法院提交"排放门"和解协议，大众总共将支付约 150 亿美元，用于回购美国市场涉及丑闻的近 48 万辆 2.0 排量的柴油车、赔偿车主，以及设立环境补偿基金等。2016 年 3 月，278 家机构投资者在德国状告大众汽车集团违反资本市场信息披露规则，寻求共计 32 亿欧元的经济赔偿。

在各种诉讼和罚款的压力下，大众汽车集团不得不为解决汽车尾气排放丑闻预留了 183 亿美元储备金。此外，还向美国环境保护署和加州空气资源委员会上缴了 27 亿美元罚款，为清洁排放技术支出 20 亿美元。

一个不影响行车安全主要功能的品质问题，差点将一个有着 90 年历史的世界 500 强企业毁于一旦。树立优秀品牌需要数十载，而毁掉它只需要对品质的小小疏忽。

2017 年一季度，华为以 808.3 万台的销量位列中国市场手机销量排行榜第一，其中国市场份额达到 22.8%。这一年，曾经热销的三星，由

于"爆炸门"事件，在中国智能手机市场的占有率下降到了3.3%。这导致三星的股票市值一度缩水数百亿美元，以智能手机为主体的三星移动部门的运营利润比上一年下降96%。

企业是否要坚持品质第一的理念呢？很多企业为了快速响应客户的要货需求，抢市场、抢订单、抢发货，或是为了节省成本、提升利润，从而对品质问题让步放行。大众汽车的"排放门"事件，本质是为了节省成本、提升利润；三星的"爆炸门"事件，背后是"先发制人""早面市"的机会主义作祟。很多企业，以为低成本才能占领市场，担心坚持品质理念会让企业活不下去。事实上"弄死"企业的恰恰是放弃品质理念。"爆炸门"事件让三星在中国市场的份额从此一蹶不振；"排放门"事件让大众汽车差点破产关门。

大多数企业的产品差异化不大，品质也相差无几，市场如同一片红海。华为刚做手机时就面临红海竞争。例如，第一年进军美国市场时，华为手机因有一项测试未通过运营商的检测，而错过了圣诞销售旺季，被迫亏损销售；第二年虽然手机的各项指标都达到了客户的品质要求，但性能更好的三星利用价格战狙击掉了华为。拥有元器件优势的三星出货价比华为的成本价低得多，最后这批为美国客户定制的华为手机无法销售出去，被迫全部销毁。

华为既没有乔布斯这样的发明家，也没有像三星那样的电子全产业链，智能手机产品里从屏幕到每个器件都能自给自足。华为进入手机领域较晚，也没有捕捉到早期风口，华为是凭借创新和品质冲出红海，赢得了客户和市场。曾经有很长一段时间，中国手机企业主力机型单价在2000元以下，而华为消费者业务部改变了这种局面，将中国手机企业的规模销售单价提升到了3500元以上。华为也一跃成为世界著名品牌。

中国企业面临的所有困境和问题都是华为曾经或正在面对的，如何从产品的红海竞争中走出来，是华为消费者业务部必须解答的问题。卓越的企业是极少数的，而多数企业没有能成为卓越，有很多原因，其中能否坚持"品质至上"至关重要。

2017年5月16日，华为正式启动首届"华为手机开放日"，公开了2012实验室全球认证中心以及2012实验室旗下的部分测试实验室，包括产品体验、机械可靠性、多媒体、天线OTA、环境测试、安全攻防、终端开放、产品体验实验室等。华为手机北京研究所有11个手机终端重要实验室，华为手机上海研究所主要是各种手机指标的检测实验室，这些实验室个个都投资过亿。华为手机上海研究所实验室的测试结果可以直接获得美国运营商、欧洲运营商、中国移动及国际标准组织的认可。

2016年，三星Galaxy Note 7所用电池曾在华为的实验室做过检测，但没有通过，所以华为手机没有采用此款电池。基于华为手机实验室测试人员的测试结果，产品负责人做决策时放弃了装这款轻薄、高功率快充电池的方案。华为严格按研发管理体系的要求，坚持在高品质基础上做创新，因此避免了"爆炸门"灾难。华为手机能够捕捉到这款新型电池的安全隐患，与这场灾难擦肩而过，得益于检测实验室日常工作严谨认真，检测技术手段高强；得益于无论什么压力下华为手机的研发部门、研发人员都能坚守品质理念，不随从机会主义。

华为2012实验室是研究面向未来的实验室。华为自主研发的第四代仿生机器人，没有花里胡哨的功能，是专门用来测试手机的性能和功耗。每台机器人的硬件投入就近百万元，可以基于用户实际生活场景百分之百模拟人对手机的操作，并对测试数据进行快速精确的量化分析。华为硬件自动化测试实验室拥有高精度激光定位、高速大数据分析等尖端技术，对手机内部器件、电路进行精密测试，其测试精度可以达到一根头发丝的 1/40。针对华为手机系统 App 开发者在移动应用开发、测试过程中面临着成本、技术和效率问题，华为消费者业务部还为开发者提供云测试作为便捷的一站式移动应用测试服务。有针对性地向开发者提供应用在华为各种型号手机上的兼容性、稳定性、性能和功耗测试，快速出具专业且详细的测试报告。这些自主研发的高精尖测试设备的投入，大幅提升了华为研发智能手机的研发效率，提高了产品研发质量，缩短了产品上市时间。

华为消费者业务部坚持品质理念，持续投入自动测试设备，对测试实验室、测试工程师给予充分的资源保障。华为测试工程师有不少是名校博士毕业生。只有将对高质量的追求落实到研发的每一个环节，即从研发管理流程体系到每一位工程师，才能避免"因小失大"的灭顶之灾。

"坚持品质理念"不能流于一句口号，而是需要付出代价并做出取舍。褚时健在品质上精益求精的追求，让"褚橙"脱颖而出。2016 年年初，为提高果园种植环境和保证果品质量，褚时健将处于盛果期的 3.7 万棵橙子树砍掉，为此褚橙减产 2000~3000 吨，损失近 3000 万元的销售收入。正是这样的品质至上理念，"褚橙"成为高品质果品的代表。星巴克对品质的追求是"将心注入"每一杯咖啡，并且具体落实到咖啡店的每个细节之处。星巴克称咖啡店的员工为"合伙人"；包括兼职人员、清洁人员在内的所有人都有公司的股票，都拥有巨额重疾保险，甚至星巴克会为员工的父母购买重疾保险。星巴克认为企业的服务质量、客户满意度由每个细节的品质构成，而这些细节的完善离不开员工的激情。只有员工"满怀激情"地工作，才能带来超出预期的品质和服务，将"将心注入"传递到每一杯咖啡。

打造优质品牌的过程是艰难和漫长的，任何对品质的妥协都可能带来灭顶之灾，只有将对品质的追求落实到研发过程中的每一个环节，才能避免此类事故。尽管身处红海，但卓越的企业总能"拨云见日"，它们依靠的就是坚持创新、品质至上。

五、面向可靠性、可制造性、可服务性、可销售性的中试

研发质量管理中常见的问题有：企业重视交付质量，但忽视研发过程的质量监控与测试。有的企业很容易忽视对研发过程中文档质量的监控；有的企业重视生产端的质量检验，却忽视开发过程的测试及研发过程的质量审核。打一个比方，大家都重视足球队最后临门一脚是否进球，但是常常忽视在整个过程中，每一次传球的质量及跑位是否到位。

产品研发出来实现了某个功能，只是产品开发的基础环节，离"产品面市"还有2/3的路要走。整个研发系统还需要精心打磨，使产品量产时具有较高的品质，才能大规模地生产和销售。这个中间衔接的过程往往被称为中试管理流程，由专门成立的中试部门来完成。中试是相对于开发过程中的测试而言的。

开发过程中除了各种测试，还有早期的调试。调试是不断调整设计方案以达到设计功能要求；开发过程中的测试则是从需求出发，设计详细的测试点，通过完备的测试项来检验开发的质量。监控点通常包括软件模块代码、硬件、结构部件、系统的缺陷项。中试则是面向产品可靠

性，即产品是否可量产，产品规模上市后售后服务能否及时响应，量产能力能否支撑销售规模。所以，中试以规模化取得客户满意度为出发点，倒推销售、生产、售后、品质所需具备的监控点，并开展有针对的系统性测试。在中试阶段及早发现影响量产的缺陷，不让缺陷进到大规模的生产和销售阶段。中试是保证研发质量和提高产品可靠性的重要环节。

中试的职责通常包括建立产品的批量测试标准，建立批量测试体系，建设相应的批量测试实验室以及一些极端环境下的测试实验室，如面向可靠性、极限测试、高低温环境测试等。纯软件产品一般需要考虑一些极限测试，如上亿次并发使用等极限场景的测试。中试过程中采取自动化测试，采用人工智能、大数据等先进技术已成为趋势。自动化测试以建立测试用例库作为输入，以专门的测试自动化管理软件驱动设备，从而实现自动完成大部分测试工作。中试要负责对外部验证进行测试，如EMC电磁兼容、可靠性、防雷、安全性、毒性等需要到外部实验室取得认证。中试还涉及采购或自行开发测试专用设备，用于规模生产或部品认证检测。

中试中对产品能否大规模生产进行的测试，叫小批量试制。这有助于生产工厂实现以较低的成本、较快的速度、较高的品质要求进行大规模生产，有助于发现批量生产过程中存在的缺陷成品或零部件。中试还包括在生产中涉及的系统、部品、材料层面的生产工艺设计，还涉及产品和部品的储存、加工、装配过程的优化，以及生产设备的参数设计。这些工作都有助于满足质量标准、提升产能和降低生产成本的要求。在工艺设计方面，中试需要开发工艺技术规范体系、关键工艺的监控体系，确保重要生产工艺设备的运行，并对工厂及部品供应商的生产能力进行认证与监控。

中试中对物料品质进行认证，建立关键部件替代品库，编制和验证物料部品质量检验工艺文件，建立物料部品选用的技术规范、技术手册、典型应用等，开展相应的管理体系，建立资源库。这样有助于提高产品开发过程设计的效率，促进技术共享。在中试阶段开展物料可靠性分析，可以提升生产过程中来料检测的效率，降低部品不良率，降低整机故障率，提高产品优良率。

中试是整个研发与创新管理体系的关键环节，是衔接开发与生产的"中腰"。中试还要负责产品数据档案的审核和管理，包括技术文件、物料清单（BOM）、产品设计变更管理、制程变更管理以及研发过程文档。产品数据对研发工作具有重要意义，是企业数字技术资产的最重要的部分，可促进整个公司各部门的工作协同，形成技术积累与技术传承，是采购、制造、售后、销售的信息源和桥梁。经过小批量试制后的产品数据，通过验证、更新，重新向全公司各个部门正式发布，之后产品才具备大规模生产和销售的可能。

中试被多数中国企业忽略。有的企业存在小批量试制阶段，但是和整个系统、科学、全面的中试产品开发体系相比，管理盲点很多，直接导致量产和上市阶段出现严重问题，产品直通率低，生产过程成本高，售后压力大。缺乏中试，会导致产品可靠性差，返修多，客户现场临时救火多；缺乏中试，会导致生产难，耗费成本大，生产交期长、延误多，发货容易产生差错，产品品质难以被测试、被管控。

质量不仅是生产出来的，更是设计出来的。中试管理是研发管理体系的重要组成，产品需要在研发过程中就做好质量、生产、销售和服务方面的技术和工艺上的准备。完善的中试管理体系具备几大特征：功能完整、方法先进、设备精良、组织流程合理、知识积累齐全、人才培养到位。产品中试管理能很好地支撑企业的产品研发，是企业的核心竞争力。中试管理可以提高产品开发的质量，加快新产品的上市进程，是新产品的摇篮、产品品质的堤坝，可以加速实现开发成果商品化。

六、软件研发过程测试的自动化和工具化

生产品质管理体系、面向产品商品化的中试体系、研发过程中的测试体系，都是打造高可靠性产品的保障，不可或缺。测试是研发过程中的一个重要组成部分，按照渐增构建及测试（IBT）方法，测试过程可分为四个阶段：构建模块功能确认（BBFV）、系统设计验证（SDV）、系统集成测试（SIT）、系统验证测试（SVT）。测试与开发过程紧密结合，可以缩短测试周期并有效提升交付产品的整体品质。从一个测试阶段进入新的测试阶段，需要建立严格的区隔判定标准。单元部品测试、集成测试、系统测试，这些覆盖了产品开发的不同阶段。

从改善的成本来比较，越在早期同步启动测试，有效性越强，改善效果越明显。忽视研发过程的测试和中试，往往会导致从产品上市到客户交付阶段陷入混乱。对此，除了硬件制造企业外，药品生产企业也对研发过程的测试和中试极为重视，领先的纯互联网企业（如 Facebook、谷歌），采用大量的自动化测试工具来完成研发过程的测试。纯互联网企业的工程师最重要的工作就是写代码，在 Facebook 叫"生产代码"，要用类似生产过程检测和品质管理的概念来看待写代码的软件开发工作。

Facebook 的代码库管理，是通过在一个叫 GIT 的开源管理系统的基

础上开发的一种代码规范性测试工具，来实现对代码质量的管理和监控。在正式提交代码之前，此工具可自动检测所修改的代码是否符合公司的代码规范。如果不符合，该工具会自动警告。Facebook 倡导对修改的代码写测试案例，并用工具自动检测是否提交了测试案例，以及测试案例是否覆盖这些修改。

此外，在提升代码质量的代码审查方面，Facebook 做了一个可视化工具 Phabricator（现已开源）。工程师可以在页面上针对每一段（单行或多行）代码进行交互讨论，只有代码被明确接受之后，工程师才能将其提交到服务器端的代码库。这些要求在 Facebook 内部都已集成到代码提交工具中强制执行。

Facebook 还开展了大规模的模块级和系统级的自动化测试，保证每周的升级都可以不出差错。例如，对于 PHP 的代码，Facebook 写了不少基于 PHPUnit 测试框架的测试类，这些测试类包括简单的判读真假的单元测试，以及大规模的涉及后端服务的集成测试。运行这些测试用例，已成为研发工程师开发工作的重要部分。研发工作的重点，是有品质的输出，而非简单地实现一个功能。测试，不是只是测试部门或测试工程师的事，而是全体研发人员分内的工作。Facebook 用专用的自动化工具持续开展集成测试用例的测试。运行测试用例的同时，自动化工具还可以生成相应的代码测试覆盖率数据，对需要提交到代码库的 diff，在做代码回顾时会自动产生一份带有测试覆盖率的测试报告。此外，Facebook 还开发了基于浏览器界面的自动化测试工具。在集成测试方面，Facebook 对后端服务的测试会与集成构建系统结合在一起，自动化工具会不间断地针对源代码自动地运行系统测试用例并生成测试结果，测试结果存储在代码数据库的同时会发送到通知系统中去。通知系统自动发出的通知邮件（包含执行失败的信息），可以让研发人员收到。这样就形成了测试闭环。

Facebook 还将先进的 AI 技术用于软件代码的测试和修复，开发出一款名为 Getafix 的 AI 辅助 bug 修复软件工具。Getafix 可以自动查找出 bug 的代码，并提供修复方案，提交给工程师审批。这可以大幅提高工程师的工作效率和整体代码质量，为工程师提供直观的修复方案。通过聚类算法，分析问题代码的上下文就可以找到更合适的修复方案。目前 Getafix 已经被部署到拥有数十亿用户的 Facebook 的代码生产环境中（见图 7-3），这大幅提升了 Facebook 应用程序的稳定性。

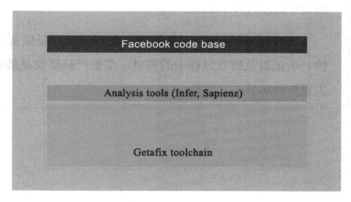

图 7-3　Facebook 的 AI 辅助修复软件已部署到代码生产环境中

每天谷歌、Facebook 都要测试和发布数百万个源文件、亿万行代码，数以亿计的构建动作会触发几百万次的自动化测试，并在几十万个浏览器实例上执行。研发过程中的测试架构的设计、实现和运行，软件测试工程师队伍的建设和技能提升，中试以及研发过程中的测试，都是产品研发品质管理极为重要的环节，是企业研发过程中的关键技术与核心管理。

测试与开发过程紧密结合，可以缩短测试周期，能有效提升交付产品的整体品质。越在早期同步，品质改善效果越明显。

小结

研发与创新涉及整体设计、软硬件结构的研发、部品开发、新产品导入、生产工艺开发、加工设备开发、品质管控、材料工艺开发、供应链管理、合作伙伴联合创新等多个层次。技术规划需要识别技术趋势、客户需求、与竞争对手的差异、企业自身的优势和弱点，绘制出具备里程碑标注的技术路径图。基于平台进行产品开发，产品的质量、进度和成本都能得到很好的控制和保证。

"坚持品质理念"不能流为一句口号，而是需要付出代价。中试以及研发过程中的测试，都是产品研发品质管理极为重要的环节。

RESEARCH
AND
INNOVATION

第八章

对客户深入洞察而不只是以客户为导向

导　言

　　爱彼迎是基于对参展用户的基本需求和潜在需求的洞察而诞生的风靡全球的订房网站。爱彼迎满足的不是表面上显现的订民宿房间的普通需求，而是游客想深度了解纽约这座城市居民生活的潜在需求。如果企业能以用户的视角观察世界，将会发现很多意想不到的机会。

一、用客户的眼睛洞察世界

以客户为导向，客户需要什么就做什么，这是很多企业都能做到的。在这种模式下，企业经常陷入的麻烦是"客户永远说不清楚他想要什么"。客户的想法变来变去，企业的方案就得跟着改来改去，交付时还常常遭遇"跑单"。我碰到一个咨询项目，创业团队前期投入 600 万元，做出样机后就以为大客户大订单会纷至沓来，胜利在望，结果却与想象完全不同。这种失败案例很常见。企业需要一个基本认识：初始的样本需求和最终的订单要求之间有很大差距。这是创业中必须考虑的沉没成本。

对客户需求（包括基本需求和潜在需求）的分析与洞察，有性能指标、实用性、舒适性、创新性、超前性、工艺性、可制造性、可靠性、可维修性、成本效益、安全性等多个维度。性能指标通常客户会描述出来，但是后面几项往往需要我们深入挖掘。

与最终用户一起，通过用户的视角观察世界，这有助于企业发现很多意想不到的机会，有助于寻找开发新产品的机会。曾在纽约某设计学院学习的几位大学生发现在纽约这座国际大都市各种展览会众多，而每到展会期间酒店价格就飞涨，但酒店还是供不应求，人们不得不借助一些论坛和网站寻找借宿机会。因为价格原因，人们往往只能租用居民家中的一个房间。这表面上看是一个订民宿房间的普通需求，但以一位初到纽约的参展人员视角来思考就会发现，参展商、参观人员都是游客，他们对纽约这座全球著名的城市充满了好奇，有深度了解纽约这座城市居民生活的想法。

参展人员在匆匆的几天参展时间内，基本需求是温暖舒适的床，干净的水和早餐，从住所到展馆方便快捷，价格适中。潜在需求是，利用来之不易的出差机会多了解当地的民俗风情，将工作与旅行相结合，缓释工作中的紧张，增长旅行中的见闻。基于对参展人员的潜在需求和基本需求的洞察，这几位设计学院的大学生上线了一个预订民宿的网站爱彼迎。爱彼迎并不只是满足订房这一基本需求，它还要求放在网站上的房间个个有特色故事、特色设计，可以带给房客不同的体验。

我们曾在爱彼迎预订过一个靠近美国哈佛大学的房间，房子的主人是一位 70 多岁的老者。他在爱彼迎上描述自己是一位音乐爱好者，家中有上千张经典 CD 碟片，这深深吸引了我们。住宿的那两天我们与他讨论了音乐和对退休生活的看法，他解释了不卖掉这所价格高昂的破旧学区房去换一个邻区大房的原因。他每个周末都要去周围大学的音乐沙龙给大家放音乐，这是他生活中不可缺少的重要内容。爱彼迎上还有一位房主，她把到世界各地旅游、爬雪山的照片挂满了出租的房间，下面还配有很多文字分享旅行中的故事。这个房间的故事太吸引人，导致预订者络绎不绝，她还曾受邀在爱彼迎全球房东大会上做分享。

爱彼迎上还有一个非常有特色的功能：除了房客可以对房东进行评价外，房东还可以对房客进行评价。这样，无论是房东还是房客，都可以选择安全的一方进行交易。有次笔者在爱彼迎租了一间房，晚上很吵，让笔者几乎没睡着觉。因为笔者早上曾就此向房东投诉，所以当系统提醒笔者评价住宿体验时，笔者担心遭到房东报复而没有提交差评。两天后，爱彼迎的网络客服自动追踪到笔者的尴尬，专门发邮件告诉笔者回复体验调查报告不会让房东知道，于是笔者放心地给予了真实的评价。

研发与创新需要深入洞察客户的基本需求和潜在需求，而不只是简单地以客户说出来的需求为导向。不要等着客户用说和写来表达需求，企业要用"共情"的方式去体会客户的"心"。我们只有与客户建立深入关系，才能发现创新的机会点。不论从事B2C还是B2B的企业，都必须了解自己的最终用户，与其建立联系，只有这样才能长期保持对客户需求的深入洞察。

企业经常出现以下问题。例如，没有找出真正的用户，用户样本数量太少，以至于没有搞清楚客户的真实需求。从事B2B的公司往往在意采购人员的需求描述，而忽略了最终用户（如技术维护人员或运维人员），他们才是产品的长期使用者。也就是说，最终用户的需求往往被忽略，只看重中间采购方的需求。还有的领导听到几位客户谈到某需求，就匆匆认定这是普遍需求、大市场机会，于是立即投入研发。这些都是企业经常犯的错误。只有"做足了功课"的企业，才能在市场中保持领先。例如，麦当劳每推出一款新品汉堡，背后都有研发中心为期一年的"万人"需求调查。

2018年以来，中国很多家居卖场销售大幅下滑，但是宜家却热火朝天，销售持续上升。宜家推出的一元冰激凌、五元无限续杯咖啡，吸引了很多原本只是想随便逛逛的人。在情人节，宜家销售的一元一枝的鲜花（不是玫瑰花），吸引了想送鲜花但又不愿被太太骂乱花钱的消费者。孩子可以在宜家的儿童天地试用各种儿童房的家具和小工具，消费者待了几个小时后，总会买点孩子特别喜欢的。宜家根据各种不同消费需求打造样板间,有面向单身族的,有面向不同人数的家庭的。消费者总能在宜家找到一款适合的样板间,参看家具的摆放。借助宜家的整体解决方案,消费者可以在一天之内布置好新家。这包括家具、厨房用品、床上用品,还包括各种镜子和相框等小物件。在宜家随处可看到对产品品质测试的演示,如对宜家抽屉进行数万次开关推拉的品质试验,这有助于让消费者建立对宜家产品品质的信心。宜家还随处可见标价几元钱或几十元钱、耐用又设计简洁的小物品,这令对价格敏感的消费者大为惊喜。

除了拉动消费者欲望的便宜物品,宜家也不乏一些科技味十足的新品,吸引了对黑科技感兴趣的消费者。例如,2019年宜家推出了了名为LOKAL的升级版农场(见图8-1),它可以安装在室内,采用了水培技术、气候控制盒与LED灯,可以让蔬菜快速生长,减少了对土壤和水的依赖,消费者可以随时随地在家里摘菜吃。

图8-1 宜家的LOKAL室内农场

虽然销售与宜家相似产品的家具卖场很多，但是把用户体验做到这么深入的很少。这种对消费者全面而深入的洞察，是宜家不可复制的创新优势。要对用户深入洞察，了解用户在谈论什么，在关心什么。传统的酒店预订网站将重点放在了网站的描述上，而爱彼迎关注的是房东和房客之间的交流，即用户体验。

客户是谁？客户还有哪些潜在的需求和愿望没有得到满足？企业对关键客户还有哪些增长机会？如何帮助客户提升？这些不只是简单地停留在客户的基本需求上，而是要深入挖掘客户的梦想，帮助其梦想成真，提升价值。这些都是需要反复调研和深入洞察的部分。

从为客户创造价值的角度评估客户需求，通常可以分为四类：社会影响类价值、改变生活类价值、情感类价值和功能类价值。功能类价值，即完成某种功用，包括省力、省时、简单化、降低风险、组织、整合、联系、避免麻烦、降低成本、多样化、具有感官吸引力、提供信息等。苹果不断提升 iPad 打开 App 的速度，就是为了帮用户节省时间，提供更多功能。情感类价值包括安全感、减轻焦虑、奖赏、怀旧、美感、象征性、健康、安抚、乐趣/消遣、具有吸引力、提供更多途径。爱彼迎没有简单地将产品定位为功能类产品，而是致力于提供情感类产品，这是吸引房客的重要原因。改变生活类价值，包括给生活带来希望和动力、财富传承、自我实现。社会影响类价值主要是自我超越。可以为客户创造价值的要素越多，客户忠诚度越高，企业收入增长得越多。

亚马逊在八个功能类价值要素上获得高分。例如，亚马逊在 2005 年推出 Prime 会员服务，用户每年只需交 79 美元，就可以享受无限次两天内免费送货服务，为用户创造的价值包括降低成本和节省时间，这些属于功能类价值。亚马逊还将 Prime 的功能扩展到流媒体服务，这为用户提供了情感类价值，如乐趣/消遣。在亚马逊服务器上可无限存储照片，降低了用户风险，这属于功能类价值。新增的价值要素能将非用户转换成用户，大幅提升亚马逊服务在行业内的地位。Prime 会员服务已进入近 40% 的美国零售市场，亚马逊在 2015 年将 Prime 服务年费提高到 99 美元，但仍受到欢迎，这是亚马逊为用户创造价值得到的溢价。

再看苹果公司，苹果在体现价值要素上也表现优异。苹果智能手机具备多种价值要素，包括功能类创造价值点（省力、省时、联系、整合、多样化、组织）、情感类创造价值点（乐趣/消遣、提供更多途径）、社会影响类价值点（自我实现、自我超越），等等，因此获得了较高的溢价和利润。宜家基本涵盖了功能类的主要创造价值点，如省力、省时、简单化、降低风险、整合、避免麻烦、降低成本、多样化、具有感官吸引力、提供信息。宜家在情感类包括安全感、怀旧、美感、健康、乐趣/消遣、具有吸引力。宜家能获得用户持续好评和销售持续增长的原因就是它为用户创造了需求。用户经常说不清楚他想要的是什么，对用户需求深入洞察，描述出潜在需求，是非常重要的事。只有我们与用户建立了深入的联系，才能获得创新机会点。宜家不仅刻意为价格敏感性消费者创造惊喜，而且还用"黑科技"产品吸引用户。爱彼迎关注的是房东和房客之间的交流，即用户体验。企业可以为客户创造价值的要素越多，客户的忠诚度就越高，企业收入增长得就越多。

二、需求分析要全面且可量化

很多团队在一接到客户订单就马上进入开发状态，这种快速行动看似具有"强执行力"其实往往少了客户需求分析。例如，对客户的需求（两家企业老板之间确定的）或消费者直接提出的需求，没有进行分析，而是直接生产，最后出现客户"不买单"的现象。这种最初需求与最终结果错位的现象告诉我们，需求不应该停留在概念上，而应该进行量化和科学管理，全方位地审视。整个开发过程中，在客户需求分析上应该花80%的时间。这个过程中，由跨部门团队进行需求调查和分析是非常重要的，因为来自不同部门的人员可带来不同的视角和关注点，例如，售后服务人员会带来用户使用及维护领域的视角，市场销售人员会带来客户意识和市场意识，设计师则具备对用户体验的深度洞察。不同领域的工程师，如软件价值、硬件价值、材料价值、品质价值、测试工程师等，可带来更专业的技术知识和技术分析能力。由负责领域不同、专业背景不同的资深人员组成的跨部门团队，共同进行需求调查和分析，有助于企业对客户需求的诠释和理解。

在对客户需求进行调查分析时，要建立一个由跨部门资深人员构成的公司统一协调的需求调研团队进行联合调研，放大样本量，深入客户的使用场景，从各个角度观察、倾听客户是如何使用产品的。在实际使用场景中进行全方位观察，有助于准确捕捉客户需求。例如，同样是机器人产品，宾馆用扫地机器人与在恶劣天气下电力自动巡检的机器人使用场景大不一样，对机器人产品的需求差别很大。老年人护理机器人、炒菜机器人，使用场景不同，细节功能也大不相同。同样是笔记本，学生学习、商务人士演示PPT、游戏爱好者玩游戏，使用场景不同，对产品性能指标的要求也不同。需求调研的样本量要能覆盖所有潜在客户，以及所有可能的使用场景。调研的完整性非常重要，否则会导致对需求理解的偏差，或者遗漏关键需求。

通过客户评价以及在使用产品的应用场景下进行量化评价，企业可以掌握关键客户的关键应用。通常的评分维度包括：潜在市场规模、客户迁移成本、客户是否容易被满足。有时客户反馈的需求声音很大，例如，很多公司都有所谓的"老板说"，即老板从自己使用产品的角度谈需求。分析下来发现，那只是潜在市场规模很小的小众用户群体，他们往往是很挑剔、很难满足的"刺头"客户，迁移成本很高。

为了更好地了解客户真正的需求，跨部门的需求调研团队有必要亲自观察一下客户所处的环境。走进具体应用场景，看一看、用一用、体验一下，自己也成为客户。这样才能更准确地回答以下问题：谁在使用产品（who）？使用产品做什么（what）？产品在何处使用（where）？产品在何时使用（when）？为什么选择这种产品（why）？怎么使用产品（how）？

完成以上详细调研工作后，需求调研团队将收集的描述性语言的客户需求制作成定量分析的表格，并进行各个维度的量化评分，分析维度通常包括功能、性能、体验、包装、服务、品牌、社会接受程度、保证、可获得性、安全性、易用性、生命周期成本等。评分时，要特别注意引入公司的历史产品、竞争对手产品进行量化比较，这样会更客观。例如，公司当前产品的安全性可以评多少分，而客户在安全性上的新需求是多少分，竞争对手产品的安全性可以评多少分，通过比较、评分，可以准确地描述出客户在安全性上的需求度。

接下来，要对客户的品质要求和重要性进行量化分解、分析和评分。例如，关于扫地机器人的几项客户需求，如静音、易清洁、头发不缠绕、精准找到目标等，进行重要程度的评分。然后，将客户陈述的需求转化为质量、性能指标、功能和解决方法，进行深入量化分析和比较。例如，对智能手机拍照"效果好"，指标化地解析成拉远镜头、自动美颜、色彩饱和度、背景处理等，并对每一项进行重要性评分、综合特性评分。

在逐步深入进行评分的过程中，保持追求客户极致体验的谦虚谨慎的态度，这将决定工作完成的质量。注意每个细节，不断追问：遗漏了什么？设计一个世界级产品还应了解些什么？还有哪些潜在的应用场景或客户声音？将来还可能用于什么场合或有什么新的用途？替代产品的品类是什么？

通过层层分析，形成一个各部门资深人员都认同的、采用同一种语言和维度分析的客户需求表。这个客户需求表能客观、全面地解析客户需求。在制定客户需求表的过程中，要有意识地引入一些什么都不了解的"小白"成员，通过团队成员彼此之间反复发问，来激发和增强团队的创造力，有助于团队发现"大意外"。

对客户需求的理解不应只停留在概念上，而应该能够将其量化并进行科学管理。在整个产品开发过程中，客户需求分析管理应该花80%～90%的时间。跨部门团队对客户需求进行调查和分析，是非常重要的，不同部门的人员可带来不同的视角和关注点。深入客户的使用场景，从各个角度观察、倾听客户是如何使用产品的，甚至自己也看一看、用一用、体会一下，这样才能更准确地描述客户需求，最终形成一个各部门资深人员都认同的客户需求表。

三、战略失效与执行失效往往交织在一起

研发与创新经常面临的困惑是战略失效和执行失效交织在一起。很多企业的核心业务在用户体验登顶之后便开始衰退，这使得企业战略很快就过时、失效。腾讯就发生过类似的事情。

2018年1月29日，腾讯股价达到476.60港元，对应的总市值超过4.5万亿港元，再度创下历史新高。然而，仅仅过了九个月，腾讯市值就缩水近四成，跌出全球前十大上市科技企业之列。从腾讯2018年第三季度财报可以看出，腾讯正在主营业务上艰难挣扎，增长动力模糊不清。受国家政策限制，腾讯的游戏业务增长乏力，PC端游戏同比下跌15%，环比下跌4%。

当不该成为用户的群体成为主力用户时，在社会舆论的声讨下，监管政策纷纷出台，这导致企业的核心业务突然见顶，以往的行业基础和用户基础都发生急剧改变。企业难以维系高增长，也难以转型，处于骑虎难下的境地，这时要思考是不是战略"过时、失效"。曾经的成功难以复制，突然冒出的带有致命性攻击力的巨浪，能在一刹那卷走一切。这样的场景在互联网公司尤为常见，人人网（原"校内网"）就是其中一例。创始人陈一舟，这个本科毕业于武汉大学，硕士毕业于麻省理工学院、斯坦福大学的"最聪明的湖北人"，追随"爆火的Facebook"这个"风口"，希望将"校内网"打造成"中国的Facebook"。人人网甚至比Facebook还早一步在2011年登陆纽交所，这是美股中"第一支社交网络股"，市值一度超过100亿美元。然而很快，随着微博、微信的走红，人人网的活跃用户量逐年下跌，股价也随之下跌了97%。腾讯的张小龙，这个做了20年QQ邮箱的默默耕耘者，用卓越的执行力和互联网产品技术，瓜分了人人网的用户。2018年11月14日，人人公司以2000万美元甩卖掉了主营业务人人网。此后转型游戏、互联网金融、区块链、直播等，也都纷纷失利，人人公司逐渐淡出了人们的视线。这场突如其来的倒下，不是因为缺钱，也不是因为缺用户。

主营业务面临危机之时，企业如果还去追逐新概念风口，采取临时抱佛脚的做法，往往会失败。2014年以来，不少公司在主营业务遇到困难时，进军云计算、游戏、电商、互联网+、生态、互联网金融、区块链、房地产、大数据、智慧城市等新兴领域，绝大多数以失败告终。

酷派在发展过程中也曾遭遇主营业务难以盈利的困境。当时，主力产品智能手机连连遭遇失败，导致大量库存压倒企业资金链。主营业务失去造血能力，无法创造盈利，无法应对突如其来的竞争对手，酷派只得变卖各种资产谋生。这一巨变也就发生在短短的两三年内。

即使进行大型并购，往往也很难挽回企业主营业务的颓势，并购后业务很难成为新的收入主体。2016年4月，富士康以35亿美元收购夏普66%的股份，尝试从制造导向转型到技术导向、品牌导向、营销导向。但是两年后，夏普品牌的电子产品降价为便宜货，即便如此，也没有带来销量的急剧上升。富士康第二次转型失败。第一次转型失败是在2010年，富士康与麦德龙合作的电器商场"万得城"，转战电子商务失败。

这些失败都不是因为企业缺钱，而是因为企业缺乏整体的研发与创新体系，也没有全方位建设战略和执行体系，仅靠追风、大手笔的并购，临时抱佛脚的转型和组织调整，或者寄希望于个别人才的引进，这些都是远远不够的。战略失效与执行失效往往交织在一起。

四、风险监控在创新过程中必不可少

任何一次创新都应在一定的约束条件下开展，风险监控必须从开始就要有。有个词叫"合规"，大的合规包括国家法令、社会规则、国家禁令以及数据安全性（即现在普遍流行的对个人隐私的尊重），小的合规包括对使用安全的约束、标准化的要求以及企业自身制定的各种研发标准和规范。

政治环境和社会规则的改变、新技术的层出不穷、竞争对手的涌现、客户需求的变化等，常会导致企业无法按照固有成功轨迹实现增长。从立项开始，就应该对"黑天鹅"和"灰犀牛"事件有所防范，提前做好准备。项目开启之后，评审是非常有用的监督、纠错方式。研发过程的评审，通常有两类：一类是业务决策评审，指从商业的角度、客户需求的变化、市场的变化、竞争对手的新动向，来决定该项目是否还要进行下去；另一类是技术决策评审，即从技术满足性、技术可获得性、技术先进性、对专利的规避或者提出专利点等方面来审核。卓越的国际科技企业往往会增加评审，如合规性评审，即从安全、品质、标准、环境保护规范性的符合程度上进行评审。

金士顿在经营中致力于推动企业社会与环境责任（SER），与客户一样关心产品制造中使用的矿物来源是否为"冲突矿物"⊖。金士顿采取措施确保产品使用的材料所含的矿物中没有冲突矿物。此外，金士顿还要求产品中使用了金属合金材料的所有供应商向金士顿提供书面保证，保证此类材料并非来自受冲突影响的高风险地区，或者其他违反人权的地区。金士顿要求供应商提供证据以消除疑虑，并努力收集支持性数据和适当证据，以对涉事供应商进行严格调查。

但是，也有很多企业在开发过程中缺少业务决策评审，随意性大。老板或公司某位领导，一会儿觉得应该做这个产品，一会儿又觉得应该

⊖ 冲突矿物，是指在报道存在武装冲突和人权滥用情况的国家/地区开采的 3TG 矿石（如锡、钽、钨和黄金）。

进行那个技术投入，整个研发过程缺乏科学的决策流程，项目实施完全无计划。

常见的情况是，研发部付出巨大代价、费心费力交出来的产品，跟客户需求却相差很大；交付时间拖延一年半载也是常事。这些教训说明，研发与创新无论在早期立项阶段，还是在后续研发执行过程中，都需要建立严格的监控机制，要有明确的阶段目标、阶段计划和预算，并时时监督执行情况。

产品在立项时或研发过程中被否定，或者项目被取消，这些都有助于增强效率。例如，市场时机已经错失，或者竞争对手已经推出同类产品，或者面对重大不可逾越的技术难点，技术可行性、技术风险性待论证，在这些情况下，研发项目被及早中止可释放研发资源，并将其投入到新的产品研发中去。

产品研发周期可能在一年以上，但市场需求具有多变性，即需求不断产生转移、变化，技术的快速发展导致新产品、新概念不断涌现，个性化需求不断被激发。产品就像研发团队的孩子，谁都舍不得叫停，但是当市场形势已经发生重大变化，新产品继续做下去已不能产生预期的价值，叫停是对企业最好的选择。

处理以上问题的是业务决策评审，在每一个研发关口，都需要业务决策评审。研发通常分为提案立项、概念、计划、开发、验证、发布、生命周期管理几个关口阶段，在每个阶段都要有技术评审和业务决策评审。到业务决策评审阶段时，需要再次收集客户声音进行分析，查看研发是否与其已有偏差；重新审视竞争对手的举动，看其是不是比自己规划的产品更有杀伤力；重新调研技术可行性、部件可获得性等。

企业经常会遇到这种情况，产品研发过程中需要采购一种部件，这种部件全世界就一家供货，联系需要很长时间，供货周期长达半年甚至一年，时间成本很高。像这样的研发项目在评审时可做出以下结论：要么重新修改技术方案，做到至少有两到三家提供类似部件，使之可获得性强，要么就只能砍掉这个产品。产品和公司的命运绑在一个部件厂家，一旦供应不及时或者停止供货，公司继续研发的成本代价太高。所以，需要在每一个关口重新审视和决策。

业务决策评审中，需要时时紧盯市场的动态及客户需求的变化。我曾咨询指导过一家企业，这家企业本来专注于单一客户和单一产品，做到了细分市场的第一。但是，被上市公司收购后，迫于业绩对赌的压力，以及"研发资金要多少给多少"的指示，领导一拍脑袋，公司进入一个看似广阔的市场。产品研发启动才半年，就发现这个市场处于竞争激烈的红海，门槛很低，市场混乱，利润空间很低。由于这家公司没有业务决策评审流程，研发团队加班加点半年研发出来的产品，量产后却成为无法消化的库存。不仅没有开拓出新的市场，还消耗掉企业过去积累的所有利润，导致企业巨额亏损。所以，公司需要有严格的业务决策流程，不能按照"领导说"，而是按照业务决策评审结论往下进行。在关口的业务决策评审需要相关部门的骨干组成评审小组，按评审要求逐项检查市场和财务数据，找出充足的理由进行辨析，最终使大家达成共识。项目继续进行还是立即停止，需要客观分析、充分考量、果断决策。研发团队往往舍不得停止项目，会找出很多理由说服公司让项目继续下去，哪怕项目已经延期太久，哪怕项目组人员远远不够，哪怕已经发现重大缺陷。所以，业务决策评审的评审者不能由研发团队的人员构成，而应主要由研发以外的人员（如销售部、财务部、人力资源部、售后部的人员等）组团评审。

有的企业给予研发人员的任务量过大，如13人同时干34个项目，结果往往会失败，项目全军覆没的时候都有。这浪费的不仅是人力、物力、财力，更浪费的是市场机会。为什么不把90%的产品研发项目砍掉，而集中全公司的资源保障在10%的项目上！这样做可以确保这10%的项目有充足的资源保障。所以，研发过程中的业务决策评审不是务虚，不是走过场，而是能为企业带来真实效益的关键管理。

研发过程中的业务决策评审也是有效的创新监控。著名的儿童积木领导企业乐高，在历史发展中有几年深陷危机，一个重要原因就是同时启动了太多的研发项目。企业没有对研发项目做有效的市场和财务监督，不知道哪个产品做下去会赚钱，哪个产品会赔钱，更不清楚每个产品的收益状况。每个研发项目的启动都有某种看似合理的理由，但最终企业亏损严重。乐高公司一直鼓励创新，设计师因此不顾市场和成本，开展了过量的项目。很多设计师认为："我们在为孩子们生产好的东西，我们在满足用户需求，别跟我们提财务指标！"

"需要给创造加上一个框架，这样才会让人更有创造性"。痛定思痛的乐高给研发加上了业务评审流程和严格的指标，包括时间限制，即新产品研发必须在18个月内完成。如果设计师没有在预定期限设计出产品，该产品项目就会被砍掉。同时，为新产品设计了财务回报指标，如果设计达不到预测的财务指标，产品就永远进入不了市场。采取这项硬措施后，乐高重新回到快速发展和优秀产品送出的轨道，各项业务指标远远超过之前。有人抱怨技术决策与业务决策评审限制了创新，但限制与创新相互为敌吗？当人类发明了音符、音阶，音乐创作反而进入一个更有效、更多产的新历史时期。

小结

　　研发与创新需要深入洞察客户不能完全表达出来的需求，获知基础需求和潜在需求，才能发现创新的机会点。与客户建立深层次的关系，倾听、观察、用心感受，才能真正了解客户的潜在需求。

　　在整个开发过程中，需求分析应该花 80% 的时间。此外，还要建立严格的监控机制，要有明确的阶段目标、计划和预算，并时时检测研发情况与目标、计划和预算的差距。"给创造加上一个框架，这样才会让人更有创造性。"

RESEARCH
—— AND ——
INNOVATION

第九章

没有低成本，研发与创新成空谈

导　言

　　30年前，摩托罗拉公司启动的"铱星计划"黯然落幕；而今，后起之秀SpaceX坚实推进的"星链计划"却大获成功。Space X能超越摩托罗拉，低成本创新是关键。创新可以被学习，但很难被复制。创新的失败率很高，中国企业创新的成功率普遍只有10%左右。

一、颠覆性创新不是"可遇不可求"的

1987~1998年，摩托罗拉公司耗费34亿美元打造出了全球移动通信系统铱星星群，即铱星系统。然而，由于只能使用20Hz这一个频段进行信息传输，可承载的通信量有限，而且价格昂贵，最终在民用商业领域以失败告终。GSM蜂窝网络，通过基站切换技术，可显著降低通信成本。基于GSM、CDMA地面基站原理的无线通信迅速在全球普及。"铱星计划"的失败案例表明：只考虑技术领先性，不了解替代性技术的发展，面向用户的综合使用成本太高，缺少产业链的生态发展，难以成功。

不过，2000年以来，在各种新技术推动下，随着火箭和卫星综合成本的降低，民用卫星通信又开始成为热点。2001年，一个私人投资团队成立了新一代铱星公司，重启相关卫星服务，定位在为军队、探险者等有特殊需求的客户提供服务。2007年，铱星公司宣布第二代"铱星计划"，用66颗近地卫星全面替换第一代卫星。第二代"铱星计划"目标对整个地面实现100%的持续覆盖，原计划于2018年前布星完毕。

2010年6月，铱星公司与SpaceX签订价值4.9亿美元的合同。SpaceX将用"猎鹰9号"火箭把第二代"铱星计划"卫星中的70颗送上太空，以一箭十星的方式分10次发射完成。2017年12月，SpaceX公司将第四批10颗二代铱星送入轨道。

同一时期，Facebook于2014年收购英国航空公司Ascenta，希望能在天空部署1万架Aquila太阳能激光通信无人机，环绕整个地球飞行，将网络热点覆盖到每一个地区。谷歌则选择在高空部署热气球对地面进行网络覆盖，在距离地面20公里的平流层，谷歌气球随气流运动，采用太阳能面板进行供电，气球下部悬挂有射频信号收发装置，通过这一装置向周围的气球和地面接收基站发送信号。

在这场太空领域的卫星通信大战中，综合成本及对于用户的使用成本和稳定性，显然是决定成败的首要因素。整个项目综合成本的管控和稳定性，都对创新的成败有重大影响。很多伟大的创新理念之所以失败，往往是无法快速实现低成本、规模化普及。所以，SpaceX火箭项目在设计之初，就瞄准"大幅降低"火箭发射成本。

这种降成本的设计，不是牺牲品质要求，而是从原理上重新思考，围绕整体的成本目标和性能指标精益求精地倒推，使每个部件和所有细节设计的性价比都能远超竞争对手。企业家马斯克创建的SpaceX吸取了第一次"铱星计划"失败的教训，将低成本作为创新的首要目标。2011年，在美国垄断大中型载荷发射市场的美国联合发射联盟（ULA），4次发射报价17.4亿美元，平均每次发射4.35亿美元，而SpaceX的"猎鹰9号"火箭的每次发射费用为5400万美元，仅为竞争对手的约1/10，大幅降低了发射成本。

2018年2月，马斯克的团队将SpaceX有效载荷最大的重型猎鹰火箭型号的价格降为1.5亿美元，比竞争对手价格低了约2.5亿美元。2020年1月，SpaceX用一枚"猎鹰9号"火箭成功将60颗卫星送上预定轨道，这意味着由60颗卫星分摊一次火箭发射的成本，发射单颗卫星的成本大幅下降。

为实现颠覆式创新，SpaceX从火箭发射的原理出发，重新设计制造了80%~90%的火箭部件，包括火箭、发动机、电子设备等，而竞争对手联合发射联盟则需要协调1200多个供应商来提供部件，这是两个企业效率和成本差距巨大的重要原因。除自行制造发动机、火箭箭体、太空舱等大的部件，SpaceX还设计了火箭所需用的主板、电路、探测震动的传感器、飞行计算器、太阳能板等众多小部品，这些部件经过重新设计制造后，成本均有显著下降。例如，无线电装置被精简后，整个火箭的重量减少20%，而且该装置的成本仅为竞争对手的1/20~1/10。

SpaceX的颠覆式创新遍布于各个方面。生产加工设备和相关工艺，比如摩擦搅拌焊接技术，也成为重新设计再造的对象。在全球顶尖的搅拌摩擦焊接专家的努力下，SpaceX自造了一个两层楼高的机器，采用旋转的机头高速摩擦两块金属板的连接处，使其晶状结构融合在一起，让制造火箭体的巨型金属板的焊接流程自动化。这项加工技术已成为SpaceX公司的一项核心技术。该技术能焊接又大又薄的金属片，相比容易松动的铆钉方式，可显著降低火箭解体率。因为加工技术上的突破，SpaceX可以采用更轻的合金材料作为火箭体，这使火箭的重量大为减轻，这也进一步降低了运载成本。 此外，SpaceX的研发费与竞争对手相比也大幅降低。"猎鹰9号"重型运载火箭从绘图到首次发射，只用了4年半时间，研发费用仅为3亿美元。美国EELV火箭的研发费用则高达35亿美元，"阿里安5号"火箭的研发费用更高，研发费用摊在每次的发射成本中也导致它们的发射和改进创新的成本远远高于SpaceX。

SpaceX还大量采用其他行业的成熟技术和成熟设备来降低成本。例如，发动机整体设计源自全球领先的汽车安全系统供应商TRW公司，SpaceX同时聘请TRW的核心设计师担任公司的推进部门副总裁。在SpaceX的"猎鹰1号"运载火箭上，并没有太多发明专利，火箭用的主发动机不是21世纪的设计，而是20世纪60年代的"老古董设计"，即只采用一个燃料喷射器，这种喷射器很古老，但很可靠。

在SpaceX公司，只要能有效降低成本，任何古怪的省钱办法都会受到公司的鼓励和大家的追捧。例如，工程师从eBay上买一个二手仪器用来跟踪火箭轨道，这节省了2.5美元。雇用一个专业的火箭打捞公司要25万美元，但选择能处理敏感设备的商业打捞公司只要6万美元。SpaceX公司还鼓励工程师彻底从科学家的思维中解脱出来，从日常生活的各个角落寻找灵感。在这种氛围下居然出现用盛牛奶的大罐子盛放发射燃料的设计，因为这种大罐子都是批量商业化生产的产品，便宜且故障率低。

火箭可回收技术，可以使单个火箭重复使用10次。结合一次发射60颗卫星等一系列颠覆性创新，SpaceX大幅降低了火箭发射的成本，大幅提高了火箭发射的服务次数和实际发射能力。2017年上半年，全球进行了42次航天发射，其中SpaceX的发射次数占到1/4，在全球发射服务市场位居第一。

过去只有电信运营商（如沃达丰、中国移动等）可以提供无线互联网数据服务，如 3G、4G、5G，采用的是基于地面部署的无线设备。SpaceX 的宽带卫星互联网计划"星链"（Starlink），无疑将打破这一已持续几十年的运营格局，对无线设备提供商及电信运营商将产生颠覆性影响。2017 年 3 月，SpaceX 公司向美国联邦通信委员会（FCC）提交申请开展高速、高带宽、低延迟的卫星宽带互联网业务，这使 SpaceX 将可以和基于地面基站的无线服务电信运营商竞争。

SpaceX 于 2019 年启动"星链"计划，预计到 2025 年将吸引 4000 万用户，带来超过 300 亿美元的销售收入。2019 年 SpaceX 公司火箭发射业务的销售收入为 20 亿美元，这意味着"星链"互联网的经济收益比火箭发射服务更大。但是，在星链太空互联网获得利润前，SpaceX 还需要依靠承接火箭发射业务来养活公司。2020 年 6 月 13 日，SpaceX 的"猎鹰 9 号"火箭第九次将 60 颗卫星一次性送上了太空。至此，SpaceX 发射卫星总数已达到 538 颗。SpaceX 计划在 2020 年年底前将 1000 多颗卫星送上天。SpaceX 计划发射 12 000～42 000 颗小卫星，以根据需求和性能将网络建设到最终状态。目前，星链太空互联网已开始用户测试，预计 2020 年年底在美国启动业务，让没有网的地方都能有网，不需要人上门安装。Wi-Fi 在太空，卫星就是路由器，信号直接传到用户家。SpaceX 公司已成为一家拥有火箭发射业务的电信运营商，SpaceX 既拥有承接火箭发射服务的面向企业的业务，又拥有卫星宽带互联网运营的面向消费者的业务。SpaceX 未来 10 年的新业务是：每年建造 100 艘、未来 10 年生产 1000 艘星际飞船，开展载人飞船运营服务。

SpaceX 的成功，说明基于原理性的再造有助于实现降低成本和颠覆性创新。从"一次性产品"改变为"可回收产品",从"一箭一发"到"一箭多发"等基本原理出发,围绕整体成本目标和性能指标重新设计,通过倒推、优化研发与创新流程体系,SpaceX 实现了颠覆性创新。这种颠覆性创新所带来的全新产品和服务,为企业创造出十倍甚至百倍的全新市场空间。

二、将研发与创新流程"科学化",才能降低创新的边界成本

创新可以被学习,但是很难被复制。创新的失败率很高。在十多年的管理咨询中,我去过上百家企业,经统计发现,中国企业的创新成功率普遍只有 10% 左右,也就是说,90% 的研发项目不能产生利润,投入也全部"打了水漂"。一次失败能让一家企业破产关门。研发与创新失败的原因有很多,比如:完全按照客户的描述开发出客户"不满意的产品";"带病产品"进入市场后频繁"返工";产品与市场需求完全脱节等。这种情况下,所有的修补、退换、维护,都会造成大量的浪费,拉高了产品的成本。市场不认"举世无双",只认"满足需求",即创新的结果必须符合市场需求。

很多企业的研发与创新都处于低水平的重复,比如不花时间"一次做好",却花时间"反复修补"。表面上个个都在埋头苦干,但个体的力量并没有汇聚成"一股绳",人与人之间配合度低,这导致研发效率和产品品质始终提不上去。创新流程的目标是改变人与人之间、团队与团队之间的协作方式,使之相互配合的过程更流畅,从而使产品研发具有更高的成功率和更低的运作成本。流程的作用是通过"以终为始"的逻辑来审视创新过程中人与人之间、团队与团队之间的协作方式,并采取科

学的方法使之更符合目标。创新流程使研发与创新过程中的产出可被量化和优化，使偶然的一次创新成功变成多次可重复性的成功。

下面是一个中国企业的案例，该企业通过流程管理实现了规模化的品质超越。

72岁创业的褚时健，在短短的几年间白手起家，成功地在一片红海的水果市场中打造出一个高端品牌，取得了巨大的成功。他凭借的是什么？多数人认为"褚橙"的成功源自故事营销的拉动。但是，当时市场营销声势很大的还有柳传志的"柳桃"和潘石屹的"潘苹果"，他们并未获得同样的成功。事实上，褚橙的成功凭借的是流程创新。

农业，"靠天吃饭"发展了几千年，旱灾、涝灾、病虫害、地力、光照、作物品种等，都是农业产出的影响因子。直到今天，多数农民仍然在跟"天"抢机会。然而，褚时健却在"以始为终"地倒推生产流程。首先树立品质标准，确定什么是高品质、高口感的橙子；然后聘请技术人员确定可量化的技术指标，让技术专家分析出影响结出高品质橙子的技术因素，如日照、土壤、树叶的疏密、肥料、水等；再通过组织研发出相应的技术参数、原料、工具，如优选的种苗、专门研制的肥料、培养的土壤、日照的时长、可控的水量等，从而达到橙子结果品质的可控性。这里还包括技术人才的集聚和管理，褚时健召集了中国最优秀的种植技术专家，无论在水平还是在数量上都居中国第一。

此外，个人和团队工作流程化。褚时健把种植农户按家庭划分成一个个作业单元，同时又大量培养技术人员，并把他们分配到每个作业单元去进行技术指导。将种植果树的所有作业，流程化地分解为多个过程阶段，如育种、植土、浇水、施肥、剪枝等。在每个过程阶段都有专业和对应的技术人员进行指导和监督，要求每个细节都符合作业指导的技术细节要求。这个过程类似于生产工厂设立不同的作业工段，以流程化运作的方式保证产品的质量合格。这种方式拉平了技术水平，使原本难以被复制的个人经验转化成群体的"可控、可复制"模式。

褚时健对生产过程进行解构，将种植流程化，传统的橙子就成了品质、规模可控的标准品，即褚橙做到了大小、糖酸度、口感、色泽都统一。研发与创新的流程建设就是如此，即从预期的结果出发进行倒推，将任务、行为分解成多个相互配合的过程；对影响过程质量的各项因素固化、标准化、规范化，使之实现端到端的相互协作。通过人才的配置将每一过程阶段最优化，并实现可监控，从而持续提高整体结果。

研发与创新流程的管理包括过程分解、过程分析、过程的定义、配合关系的定义、资源分配、时间安排、质量与效率测评、风险评估、流程优化等。流程的规范化和统一，可以使参与流程的各方事先达成共识，遵循相同的规范规则，从而节省过程中进行沟通协调的时间和精力，将更多的资源投入实现目标中去。研发与创新流程可令企业摆脱对个别人才、小团队或某个成功路径的依赖，从输入到输出，直接端到端。科学的研发与创新流程可以实现企业中人与人之间、团队与团队之间的沟通与协作成本最低、效率最高，以及大幅降低研发的失败率。

常有企业问："小公司需不需要流程？""创业公司需不需要流程？"有不少人认为，创业与创新需要误打误撞，闯出一条血路来，强调流程会带来僵化让大家束手束脚无法开展。对此，靠流程优化制胜的褚橙是很好的案例。褚橙公司从成立之初就开展的流程化创新，奠定了其超常规的成功。在我咨询指导的公司中，还有很多类似的成功案例。在企业发展的不同阶段，特别是在创业的初期就开始科学地流程化研发与创新，可以极大降低失败率。事实上，就算只有两个人，也存在如何相互配合问题，如何将每一步优化，以减少不必要的动作和浪费，以至效率最高。所以，企业无论处于哪个阶段，有多少人员，研发与创新的流程管理都是必需的。相反，当一个团队的研发与创新缺少科学的流程化，或许会偶然性地取得一次成功，但这种成功往往不可持续。

为什么研发与创新强调科学的流程化？因为研发与创新往往是一家企业生存与发展的核心动力，投入最大，时间最长，影响部门最多，同时又失败率最高、风险最大、最难控制、对企业的成败起着决定性作用的关键环节。

然而，很多企业要么没有建立流程意识，要么照猫画虎把其他企业的流程抄一抄，就是不愿意花时间和代价去重新建立流程。聘请外部研发与创新管理咨询顾问，在借鉴众家之长的基础上，仔细研究并推出符合自己企业所处阶段和愿景的研发与创新流程，是卓越企业的普遍做法。虚心向"外脑"学习，是杰出企业家共同的优秀品格。

创新可以被学习，但是很难被重复。创新的失败率很高，科学的研发与创新流程能帮助企业降低创新的边界成本。在企业发展的不同阶段，科学的流程化研发与创新，可以极大降低失败率。

三、独角兽一夜间"盛极而衰"

2014年创业的"独角兽"Facebook，在2018年遇到大麻烦，股价下跌10%，市值蒸发500亿美元，原因是Facebook遭遇史上最大的用户数据泄露事件。此事引起全球广泛关注。一方面，它敲响了在大数据时代用户数据使用安全性的警钟。获取这些数据并达到一定政治目的的是一家名为"剑桥分析"（Cambridge Analytica）的政治AI公司，这家公司的早期创始人曾披露："我们在Facebook上获得上百万用户的特征，并以此建立模型来获取我们所了解到的这些人的一切，并且挖掘出他们内心的'魔鬼'，这是整个公司建立的基础。这是战争，他们想在美国引起一场文化的战争。剑桥分析将成为这场文化战争中的武器库。"

另一方面，股价大幅下跌市值蒸发，反映出Facebook公司这家所谓的独角兽赖以成功的商业模式正遇到极大挑战，未来需要做大幅调整。Facebook一直以来赖以生存的商业模式是：从用户处获得数据并对其进行特征分析，通过模型来向用户精准投放广告，然后允许第三方使用这些数据来支持它们的业务，Facebook也从中获取一部分利益。

为维护其商业模式，Facebook不惜用重金收购各个大小用户平台，形成坐拥20亿用户的全球第一平台。因其垄断地位，Facebook获得了在线广告的定价权。在Facebook的收入构成中，98%来自在线广告，但是目前已经面临利润增长乏力的问题。

Facebook 2017年第四季度财报显示，Facebook在美国和加拿大的日活跃用户数首次环比下降，用户在Facebook上停留的时间也显著减少。2017年的"用户数据门"发生后，有一项在线调查显示，98%的受调查用户对Facebook平台投了不信任票。创立14年以来，这个"独角兽"首次面临商业模式不可持续的巨大危机。2019年，Facebook净利润大幅下滑，原因是不得不加大投入应对市场以及遭受巨额罚款。

多数"独角兽"只是一个伪命题。中国科技部发布164家所谓认定的独角兽名单，细读下来，大多数只是满足目前10亿美元的估值条件，但和人们通常认为的处于细分市场垄断地位的独角兽相差甚远。例如，认为某红酒或某手机的电商销售网站是独角兽就很牵强，因为用户在购买时会从多个在线销售平台去选择，而且京东和天猫是首选。没有从用户或客户角度出发，而只是采用把市场进一步细分再细分，让自身显得似乎独一无二，这些都是"假想的独角兽"。

很多公司为获得资本市场的青睐，宣传自身是独角兽，往往惹来杀身之祸，即引起大企业的快速进入，当其创新积累不够深时，很容易被反超。曾经是智能手机领域独角兽的黑莓，一度占据全球42.3%的市场份额，但在两大"跨界巨人"苹果和安卓⊖的双夹击下，市场占有率急转直下。

暂时在细分市场领先的独角兽，很容易沉醉在"独一份"的自满中，缺乏危机感，丧失主动变革的勇气和动力，无法抵挡行业的变化。例如，曾入围"2015年中关村高成长企业"的某企业，当时股价高达35元，而如今股价却跌至1元。原因是受支付宝和微信等第三方支付的影响，银行ATM机的网点布控在放缓甚至撤点，导致该企业收入和净利润同比下降90%。2019年，中国336家独角兽破产关门，有些公司的估值曾一度超过10亿元。

很多企业的研发与创新支出长期处于较低水平，一旦危机发生，它们往往毫无翻身之力。从2019年上市公司财报公布的研发费用占比可以看出，研发投入并没有成比例增长，反而在缩减。其中投入侧重点是

⊖ 指装有安卓系统的手机。

研发大楼等物业的建设,而缺乏对研发人员、研发管理体系建设的投入。

U盘领域曾经的独角兽朗科,2015年以来陷入发展停滞。一部分原因是U盘市场持续萎缩,在全球闪存市场,闪存卡和U盘加起来的占比可能也就只有7%,但是SSD(固态硬盘)的市场份额已达到43%。深层原因是朗科通过资本市场获得资金后,未及时将其用于研发与创新管理体系的搭建,而是热衷于工业园区的建设。除了U盘专利之外,朗科缺少持续创新成果的支撑,这导致朗科因缺少发展新引擎而陷入低迷。独角兽企业常犯的错误是,误认为曾经成功的产品和商业模式不需要巨大投入就能继续成功。

在智能手机软件领域,微软靠Windows Phone曾经独领风骚而成为独角兽,利润丰厚。但是,由于它不关注客户和合作伙伴对产品的反馈,导致Windows Phone上应用太少,反应速度太慢,手机价格太高。购买微软软件的手机厂商认为其价格高昂(每台收取5~10美元的专利费),研发支持太少导致手机厂商研发投入巨大。当苹果公司超强的用户体验与免费的安卓手机软件出现后,微软Windows Phone立即失去还手之力。市场竞争来临时,自满导致微软丧失了先发优势,即使后续跟进上百亿美元的投入,最终还是兵败于手机操作系统。

还有一些独角兽是由大规模收购产生的,但收购后企业并未形成科学的研发与创新流程体系,也没有通过自主研发与创新成果提升核心竞争力,独角兽优势很快丧失。有的企业过于重视表面上的市场份额的胜利,而忽视了持续为客户创造价值;有的企业过于沉醉于暂时垄断地位带来的高利润,而忽视了企业的愿景和战略目标,不再对研发与创新持续投入;还有的企业忽视了外部环境的瞬息万变。事实证明,唯有注重研发与创新体系的建设才能有效抵御突如其来的外部风险。

近两年，Facebook 也面临诸多风险和危机，难以继续维持曾经的商业模式。因此，独角兽优势很难长久，最多也就是企业所处的一个阶段。当一个企业只重视市场份额的胜利，而忽视通过研发与创新实现的持久价值的创造力时，离出现生存危机就不远了。

四、研发与创新如何避免"黑天鹅"与"灰犀牛"事件

"黑天鹅"是指突发重大负面环境变化；"灰犀牛"是指周围环境已发生系统性巨大改变，不可逆转。每一家企业其实都是在一种限制性条件下生存发展，曾经销售收入的增长，表面上是销售队伍的努力，实际上离不开大环境的支持。研发与创新的体系与组织的调整，一旦没有赶上外界环境因素和限制条件的变化，"黑天鹅"与"灰犀牛"就会不期而至，甚至让企业面临倒闭破产的危机。"黑天鹅"与"灰犀牛"只是压倒企业的最后一根稻草，其实企业早已经丧失了创新能力，这一点在许多曾领先于全球的科技企业中得以证实。企业里的每个人看似都在高效地工作，但结局可能是大家一起落伍于时代，最后一起被裁掉。占全球市场份额第一的企业，也有可能面临断崖式的坠落。1000 亿美元的市值，也有可能只是一个数字，甚至在倒下时还得贴钱收拾后事。这些冰冷而残酷的事实，都发生在曾经如日中天的诺基亚身上。

1998 年，诺基亚盈利达 24 亿欧元，为芬兰贡献了 10% 的 GDP。2006 年，诺基亚全球份额一度达到 41%，那个时代，好多人都曾拥有多部诺基亚手机。我曾经跟诺基亚芬兰研发中心、德国研发中心的工程师

合作过一个研发与创新项目，在凌晨5点召开全球研发会议，其高效、技术水平之资深给我留下深刻的印象。运营效率高，是诺基亚从20世纪90年代末到21世纪初，打败摩托罗拉、爱立信等主要竞争对手成为全球手机王者的最重要原因。

诺基亚前CEO奥利拉，用10年时间把诺基亚从一个亏损的造纸厂打造成全球排名第一的手机制造商，此后又将第一保持了10年。这位创造奇迹的企业家曾这样评价诺基亚的高效："诺基亚的运作方式是以平面化、分散化的组织为基础的，同时强调高效的团队合作和企业家精神。灵活性、创新能力、快速反应、做出快速有效的决策是诺基亚运作方式的主要特点。"

在做研发管理咨询的这十多年，我去过的大多中国企业的研发效率、人才素质都难以和10年前的诺基亚相提并论，更不用提诺基亚的全球协同研发能力了。10年前的诺基亚，一年内在全球发布近200款新品手机，产品线覆盖十几万元的奢侈高端机和全球最低价的"200元功能机"。在爆炸式成长过程中，诺基亚在大规模生产领域的运营效率和细分市场的营销能力均处于世界前列。此外，诺基亚的营销、制造和研发也是全球布局。诺基亚除在欧洲拥有芬兰、德国研发中心外，在美国和中国也有研发中心。20世纪90年代，诺基亚在东莞设立了制造中心，对支撑其全球供货起到重要作用，最高峰时员工达上万名。

在财务指标（如销售额、利润）至上的大环境中，企业里很少会有勇于直言、"泼冷水"的一线员工。企业总是倾向于强化现有优势，直到问题变得很明显，最终被高管发现之时，企业已经无路可退。当企业这条船沉没时，再优秀的人才也只能被迫跟企业一同沉没。很多"巨人"在沉沦前，都有这样的现象出现：听不进意见的企业高管、无法容纳批评和建议的企业环境、人人具有优越感、大家一起对外界麻木。这时，曾引以为荣的群体性人才也会沦为负资产，比如诺基亚被微软收购后，全部被裁员。纵观20世纪的商业史，诺基亚的市值大缩水和苹果的市值大攀升告诉我们，成功的企业要警惕被自满和傲慢摧毁！在今天的商业环境中，行业之间的界限正在迅速变得模糊，这会让企业遭遇意想不到的竞争，那些像神一样迅速出现的对手企业此前可能都闻所未闻。击败过通信业巨头爱立信、摩托罗拉的诺基亚，从未想到会被来自PC界的苹果击败。压倒诺基亚手机以及微软手机操作系统的最后稻草，是一直在PC上搞搜索的谷歌。

诺基亚前CEO奥利拉曾回忆，在公司鼎盛时期，领导层很清楚公司必须从一家手机公司转变成一家软件公司，而且他本人也多次在公司内外谈到这样的战略转型。遗憾的是，诺基亚虽然"思考方向对路"，却未能深入，未能将手机业务的利润投入新领域的开拓中。

当公司已成为全球市场领导者的时候，要重塑公司整体战略又谈何容易。公司逐渐滋生骄傲自满的情绪，在软件研发方面不愿意向别人学习，总是习惯于关起门来搞创新。在公司发展方向上，骄傲的诺基亚既没有向苹果学习，又不愿像安卓一样开放，最终自己打败自己。诺基亚看似民主的"轮岗团队管理"，实际上是"群体性失职"。在市场一再失利的情况下，为扭转颓势，诺基亚在2010年9月启用了来自微软的新CEO史蒂芬·埃洛普。然而，他此时也无力回天，短短三年的时间，诺基亚手机市值缩水至几十亿美元，随后被贱卖。奥利拉曾说："苹果成功地推出全新的产品和理念，包括很棒的用户体验和解决方案，使手机成为服务和应用生态系统的关键,而这样的生态系统诺基亚根本无法创造。"诺基亚无法设计出让消费者尖叫的产品,也做不到像苹果一样以内置上亿的第三方开发的内容和应用所打造的生态系统和服务,更无法把竞争引向另一个层面。

事实上,苹果所实现的这一切,都是诺基亚曾进行过的创新,只是后者这一点那一点做得很零散,对此缺乏深度和广度。诺基亚拥有5000名研发人员,其中不凡顶尖人才,经常能够提出一些优秀想法,但令人遗憾的是,企业内部决策机制冗长,管理者不愿意为创新承担责任,所以好多创新想法最终只能是昙花一现,甚至给竞争对手提供了思路。诺基亚曾有大把的机会将塞班(Symbian)操作系统打造成开放式的生态系统:在第一款塞班手机发布后,已经有许多企业和个人为塞班提供Java应用程序,种类也十分丰富,聊天软件、浏览器、游戏等无所不包。但是,这种欣欣向荣的局面并未演化为富有生命力的生态系统,这是诺基亚功能机占主体的以短期销售业绩为导向的思维和管理体系决定的,即从追求最高运营利润的思维出发,手机只要有基本功能就够,其他都是锦上添花,这样成本最低。早在2005年,诺基亚实验室里的N770上就装有800×480分辨率的屏幕,这比苹果发布的第一代iPhone的时间还要早两年!

功能机一直是诺基亚的"现金牛",因此智能手机并没有得到足够的重视。智能手机所需要的,包括生态体系的创新,虽然已经启动,但是诺基亚没有及时加大投入。在企业里销售额和利润最高的部门的领导往往拥有绝对的发言权和决策影响力,而他们往往不愿意将资源投入创新业务中,因为创新很难在短时间产生最大的销售收入。在短期的"财报思维"影响下，从事创新业务的部门往往得不到发展，甚至被裁减。在公司没有建立起"创新业务就是企业的未来"这样的企业文化和组织体系之前，企业里个人的创意往往会沦为昙花一现，无法成为企业的核心业务。从诺基亚这个"巨人"的衰落中可以看出，创新不是偶然发明，也不是靠内部创客、小微组织就能很轻易地完成，创新需要企业有专门的流程和组织保障，在科学的管理体系下持续地投入，而不是浅尝辄止地试试看。企业需要重新建立从产品创新战略到组织架构、流程体系、企业文化氛围等整体的布局，还要有充分的财务及人才资源保障。

回顾诺基亚的历史，其衰落有迹可查。

2006年，诺基亚全球市场份额一度达到最高值41%。然而，时任诺基亚CEO的奥利拉却选择了离职，原因是他已经找不到可以让诺基亚继续增长的方法。当一家企业故步自封，被表面的高市场份额和高财务回报蒙蔽住双眼，对创新不敢尝试时，自然看不到新的客户需求和发展机会点。

2007年，如日中天的诺基亚还做过一件有争议的事。这一年，诺基亚放弃自主开发核心芯片技术，将多年技术投入的结果——3G芯片团队出售给了意法半导体。这一举措竟然是为了让财务报表更好看，全然不顾两大竞争对手苹果和三星都已开始自己设计和生产芯片的趋势。

芯片、操作系统是手机领域的核心技术，但是诺基亚不顾技术趋势，一味以财报为导向。故步自封，不愿意在操作系统上做大的投入，又把芯片设计团队卖掉，这些无异于自砍手脚。因为诺基亚丧失了核心竞争力，导致连山寨手机厂家都能高仿诺基亚手机。

不难发现，企业在遭遇"黑天鹅"和"灰犀牛"事件时轰然倒下，往往是它们不愿意开展研发与创新管理体系的创新。

2013年，全球每季度PC的出货量不到7000万台，智能手机则接近3.5亿部，数倍于PC。虽然微软的主打产品Windows、Office在PC领域的市场份额仍高达90%以上，还是微软的现金牛，然而在智能手机领域中，微软操作系统的占有率几乎为零，几十万种智能手机应用中，没有来自微软的热门应用。

谁是微软的竞争对手和同行？如果仅限于增长迟缓的PC领域，微软已独秀天下，没有竞争对手。但是，如果放眼包括PC以及智能手机、平板电脑所有移动终端在内的整个操作系统市场和软件应用市场，微软的市场地位则处在不断大幅下滑的态势中。

当苹果刚刚推出智能手机iPhone时，微软的很多人认为苹果不过是一如既往地开发了一款虽领先但小众化的产品；当谷歌携开源的安卓崭露头角时，微软的内部人士像20世纪90年代对待Linux开源软件一样对其不屑一顾。但是，用过去推导未来，本就是一件荒谬的事。一旦迷信曾经的成功经验而忽视新的技术革新，"黑天鹅"和"灰犀牛"就会成为相互协作破坏企业的敌人，企业将无力回天。

诺基亚和微软这两家落寞的科技领袖也曾试图联手启程。2013年9月，微软宣布以71亿美元收购诺基亚的手机业务和相关专利。然而，这场表面上领先的科技企业的大联手，却成为历史上著名的并购失败案例。最终，微软交出了"学费"，裁员近2万名诺基亚工程师。

20世纪巨头的失败案例比比皆是，这其中少不了朗讯。我曾认识朗讯的两位高级工程师,他们专门研究朗讯是怎么死掉的。彼时的朗讯,一片盛世。然而,不过十几年的时间,曾经令我们仰视的全球科技领军企业朗讯、北电网络等相继陷入破产关门境地。朗讯和阿尔卡特在危机中合并,但仍没能起死回生,后又与诺基亚合并,也没能再创辉煌。如同 IBM 郭士纳所说,"没有不想做大的企业,更没有想死的企业","基业长青"是所有企业梦寐以求的。无奈的是,中国目前尚无跨越百年的企业存在,改革开放 40 年来尚存者也已寥寥无几。

企业必须主动打破曾经成功的路径、组织和流程,时时革新研发与创新管理体系,就像一台 PC 需要与时俱进地更新操作系统,才能运行得更好。微软就是通过这样的方式挽回了颓势。

2014 年,在重重危机中上任的微软 CEO 萨提亚·纳德拉,面对环境变化不是采取鸵鸟政策,而是主动从技术规划到产品规划上进行用户群细分。基于对竞争形势的客观认识,纳德拉重新定位企业,并进行组织、产品、流程的全面调整:拥抱竞争对手;重新定义客户,以满足不同细分客户的需求;拥抱新技术 AI 和云计算,用新技术打造全新的服务和产品;迅速调整研发与创新组织。在研发与创新管理体系上的这四项主动出击,让微软在几年间又重返全球科技领军的地位。

首先是拥抱竞争对手,实施跨平台产品战略。微软主动接入竞争对手,针对安卓和 iOS 操作系统开发了 Office 这一令人熟悉的应用,即智能手机 Office 365,并针对老用户(即微软原有的家庭用户)实施 Office 365 免费使用的策略。这样就能挽留住老用户,保持和竞争对手苹果和谷歌一致的免费策略。微软为推广 Office 365,鼓励高校师生养成使用它的习惯,推出一项利用教育邮箱免费获得 Office 365 永久使用权的活动。针对其他新用户，Office 365 收费项目主要采取订阅版，分为月费 30 元、年费 399 元，基于云计算向用户提供服务。这样，微软以基本免费和灵活低价的方式，成功进入有着数亿用户的智能手机应用市场，市场占有率快速上升。

时代在变，技术在变，竞争对手在变，客户和合作伙伴的要求在变，所以微软的创新速度也要变。首先是研发与创新的组织架构和流程必须应时而变。面向新产品、新客户和新技术，微软对已保持 20 年基本不变的组织架构大动手术。结束此前按销售收入划分组织的方式，改为按新技术和用户体验划分。所有的组织和业务不再是围绕销售收入和产品，而是围绕新技术（如云计算和 AI），具体调整如下。

（1）拆分一直占公司营收主体但增长缓慢的 Windows 业务部，新成立体验与设备事业部，下辖 Devices、Windows 核心业务、新技术和体验、企业 Windows 等业务。

（2）成立新的云计算与人工智能事业部，下辖云业务、Windows 平台、应用商店、商业人工智能、MR、人工智能开发者平台等。

（3）人工智能与研究事业部作为研发人工智能的通用技术部门，推动人工智能研究，将人工智能技术研究落地到产品应用。把人工智能技术带入各种 App、从而实现赋能终端。例如，让人工智能实现 Office 里的 Outlook 搜索功能，PPT 提供超过 60 种语言的实时字幕。

技术方向、研发与创新组织的调整，给微软带来迅速的变化。新业务云计算年营收增长高达 100%，Office 365 云服务的销售也大幅增长 41%。

（4）向曾经的成功告别，全新拥抱新技术带来的新商业模式。从

Windows上转移，押注到云服务和订阅服务，将传统的一次性销售商业软件模式转化成订阅模式的云服务。

云计算服务分为三个层次（IaaS、PaaS、SaaS），而微软的云业务横跨了这三个层次，在整体云业务收入上处于领先地位。微软的商业云服务主要涵盖Office 365、Dynamics 365和Azure公有云。微软让用户轻松跨越三个领域，充分运用人工智能的力量，产生有价值的数据，通过混合云对企业客户现有资源进行扩展和增强，为客户带来价值。

微软目前的技术划分为生产力与业务流程、智能云、更多个人计算。在此基础上，2018年Azure营收增长89%，Office 365商业版营收增长38%，Office 365家庭版个人版订阅用户达3140万，Dynamics 365营收增长达61%。通过转型调整，微软收获了沃尔玛这样的大客户。沃尔玛与微软签署合作协议，利用微软的Azure和Microsoft 365商业版等云解决方案加速数字化转型，以与亚马逊竞争。

从2014年开始，微软全面将研发与创新体系调整至云计算和移动终端之后，自此，无论是营收还是市场份额均大幅提升。微软的市值重返万亿美元确立了其云计算的世界领先地位。在世界500强企业中，已有95%的企业在使用微软云服务，云服务已成为微软增长最迅猛的业务。在微软2019年财报中，云服务的收入为390亿美元，首次超过Windows。微软已迅速占据全球云计算市场第二的位置。

告别PC系统的巅峰时代，拥抱移动互联网和社交网络浪潮，即使遭遇"黑天鹅"和"灰犀牛"事件，微软仍奇迹般地重回高速增长的轨道。这来源于微软对研发与创新管理体系的大幅调整，让企业重新回到以新技术为导向，而非以销售收入为导向，让基于新技术的创新成为企业的组织和产品的目标。

其实,"黑天鹅"与"灰犀牛"事件只是压倒企业的最后一根稻草,走下坡路的企业早已经丧失创新能力。诺基亚的衰落案例表明,总是倾向于强化现有优势是行不通的。企业必须主动打破曾经成功的路径、组织、流程,时时革新研发与创新管理体系。痛定思痛的微软,主动拥抱竞争对手,重新定义客户,用新技术打造全新的服务和产品;迅速调整研发与创新的组织架构。在研发与创新管理体系上主动出击,让微软在三四年的时间又重返世界科技领军的地位。

小结

唯有采用颠覆性创新,才能低成本和低风险地进入一个新的领域,并取得巨大成功。降成本不是拉低品质,而是基于原理重新出发。研发与创新往往是一家企业生存与发展的核心动力,投入时间最长,影响部门最多,同时又是失败率最高、风险最大、最难控制、对企业成败起着决定性作用的关键环节。很多企业沉醉在其作为独角兽的市场份额的自满中,研发与创新支出长期处于较低水平,一旦发生危机,这些企业往往无翻身之力。时代在变,技术在变,竞争对手在变,客户和合作伙伴的要求在变,因此研发与创新的组织架构和流程必须应时而变。

RESEARCH AND INNOVATION

第十章

走出"伪生态创新"的陷阱

导 言

　　企业间的竞争，远不是靠一款产品那么简单。爆款是伪命题，企业间的竞争在于企业是否具备持续创新能力。在商业历史上，尤其是在汽车、通信等行业，不断被证实，封闭式垂直整合产业链的企业有很大的局限性。用户净推荐值（NPS）已悄然成为衡量一款产品是否真正获得用户认可的重要标准。英特尔与微软长达40年的合作创新，影响并产生了一个巨大的全球性产业（PC）。开源软件是"野火烧不尽，春风吹又生"，成为整个互联网世界的主力和正规军。

一、爆款是伪命题

创新是吸引人眼球的最佳途径，它可以打破行业固有的格局，让企业有机会开辟新的销售增长空间。多数企业的CEO都将创新列为企业发展的第一要务。但是，有大量"伪创新"在误导企业，使企业失去了发展方向。比如，有一段时间流行打造生态创新企业，这样的企业什么都做、什么都投资、什么产品都沾一点。资本市场也一度追捧用PPT炒作概念的企业，几乎每个月都有某企业进军某风口的新闻。很多企业在一味追求做大中迷失方向，以为依靠资本的推动，靠砸钱就可以轻松进入一个全新领域。

做好企业是件很艰难的事，行业前三名都是经过漫长的摸索和积累，才树立起各自不可复制的优势，比如制造能力强、营销平台的用户基础好、供应链优势明显。贸然进入一个全新领域，在并不具备制胜优势的市场中竞争，是件很冒险的事。更何况，"梦想家"的梦还不聚焦，很分散。只有一个拳头却要四处出击，那么失败的概率就会很大。有的企业寄希望于用巨额奖金为诱耳挖"人物"，以为这样就可以迅速积累起进军新领域所需的能力。事实上，对于一个全新领域，所需能力是多方面的，想要很快全方位构建起"高门槛"，不是靠一人或一日之功。例如，虽然有的企业挖到了一位顶尖的营销高手，但是研发、制造、供应链、品质等各方面都跟不上，结果还是不行。一个产品的成功来自研发中各方面的细节，不仅仅是按硬件、软件等来粗略划分。竞争就像一场高水平的比赛，是守门员、后卫、教练、候补队员等全方位的比拼，而不仅仅是前锋。企业要想取得大幅增长，往往意味着要对整个行业进行重新洗牌，但是行业内其他企业并不会坐以待毙，它们会极力阻击、跟进甚至不惜自砍一刀。前几年，创新大战最惨烈时，硬件都免费送。有的"互联网+"企业通过疯狂营销进行"赔钱赚吆喝"，虽然短期内实现了销量增长，但往往很难撑下去。竞争从起初的概念、PPT、网红、产品功能营销，很快进入更深层次的竞争，如供应链竞争、资金链竞争、成本竞争、品质竞争、库存竞争、研发竞争，最后上升为企业全方位的管理能力和资源的竞争。

竞争从一个点很快扩大到各层面、各维度，所以寄希望于生态创新实现速战速成只是幻想。企业间的竞争远不是靠一款产品那么简单。爆款是伪命题，企业间的竞争在于是否具有持续创新能力。有的企业只会推概念、演示PPT、搞发布会，当竞争逐渐深入时，便会漏洞百出，随即企业的各项业务如多米诺骨牌般倒下。有很多善变的老板，时刻随着流行的变化而变换企业的口号、战略和经营思路。有些高管幽默地说："我们跟不上老板看书的速度。因为老板出去上一堂课，或者看完一本书，我们就又要变了。"长期下来，企业里有很多人习惯了敷衍了事，因为他们明白，老板对新模式新鲜几个月后会再转回到老模式。很多企业老板抱怨，尽管有远大的抱负，却没有遇到有执行力的人才。这些企业错误地认为：跟风，就是在竞争中生存。天天在捕捉风口，不断地调整方向，这些是对创新的错误认识。

苹果公司也曾出现过被"伪创新"拖累的阶段。

1996年，在兼容PC开始大规模低成本生产后，苹果电脑的销售额和市场占有率直线下降，市场份额从20世纪80年代末的16%下降到4%，截至1996年年底，苹果亏损10.4亿美元，股票一落千丈。1997年8月，乔布斯重返苹果。乔布斯做的第一件事，就是砍掉上一任董事长搞的大量"伪创新"。当时苹果内部存在大量不赚钱的产品和版本，如PC、服务器、彩色打印机、个人数字助理等，仅MAC电脑就有1400～9600多个版本。很多创新毫无行业领先性，根本不能带来财务回报，每一天都在浪费企业资源。例如，苹果只生产彩色打印机机器，而让惠普通过卖墨盒赚走大部分钱，这导致苹果的打印机产品一直亏损。乔布斯回归后，坚决果断地把它们都砍掉了。乔布斯砍掉几十款产品上千个版本，要求整个公司只聚焦两款产品四个版本。

乔布斯做的第二件事，就是带领团队重新定位"何为苹果"。苹果必须牢记自身是创新的领导者，苹果不可能在竞争对手微软定义的牌局中击败微软，必须另辟蹊径。随后，苹果将精力聚焦在两款产品上，持续精进，终于在两年后扭转局面，实现盈利。

同样的"伪创新"也曾发生在星巴克。

2007年，星巴克的营收有着两位数的增长，全球开设有2500多家新店，但是美国门店的客流量首次出现下滑。2008年8月，星巴克发布了自1992年上市以来第一份亏损的财报。重新担任CEO的企业创始人舒尔茨，带领团队重新"寻找星巴克的灵魂"。他们发现，星巴克曾经做了太多偏离咖啡核心体验的跨界创新，"跑了很远，却渐渐不明白为了什么而奔跑"。例如，加热的三明治带来销售额的超越，但是却让咖啡店里不再有浓香的咖啡味道。与此同时，麦当劳等竞争对手开始推出更便宜的咖啡饮品，并获得好评。痛定思痛，舒尔茨带领星巴克启动"去伪创新"的变革，2008年关闭600家门店，暂停扩张，同时聚焦业务核心进行创新变革。星巴克变革的核心是：成为无可争议的咖啡权威，打造与咖啡相匹配的创新式增长平台。星巴克提出的口号是：没有卓越的咖啡就没有星巴克存在的理由，全力聚焦咖啡进行产品创新。短短一年，星巴克就扭亏为盈，之后再次开启了开店计划，星巴克重新走上健康发展之路。

多数企业热衷于创新，试图通过创新来推动企业销售额的快速增长。但大量伪创新带来的却是品牌影响力流失，客户满意度下降，企业除价格外毫无明显的竞争力。中国企业创新的失败率高达90%，企业浪费大量资源在无效的伪创新上。唯有正视创新的难度和高失败率，建立起科学的创新管理体系，才能避免伪创新的产生。

很多企业在一味追求做大中迷失方向，以为依靠资本的推动，靠砸钱就可以轻松进入一个全新领域。做好企业是件很艰难的事，行业前三名都是经过漫长的摸索和积累，才树立起各自不可复制的优势。竞争从一个点很快扩大到各层面、各维度，所以寄希望于生态创新实现速战速成只是幻想。乔布斯砍掉之前的几十款产品上千个版本，只聚焦两款产品四个版本，走领先于行业的创新道路。星巴克暂停扩张，聚焦业务核心进行创新变革，最终成为无可争议的咖啡权威。砍掉大量伪创新，聚焦在领先于行业的优势领域进行创新，这令苹果、星巴克重回快速发展之路。

二、构建创新力的过程就是建立合作网络的过程

在商业历史上，尤其在汽车、通信等行业，不断被证实，封闭式垂

直整合产业链的企业有很大的局限性。例如，同时拥有金属砂土资源、加工后的材料、所有的部品、部品加工设备、成品的整合，表面上看企业全靠内部就可以自给自足。但是，如果以五年为考察期，回头审视就会发现，结果并不理想。这类表面上掌握全产业所需技术和资源的庞然大物式企业，全靠企业内部自我交易，往往会落后于集采众家之长的竞争对手。一个不再需要外部供应的企业，自以为能够解决所有问题，却往往容易失去很多新机会，新产品创新的成功率远低于业界最高水平。

因为创新多发生在各种知识、专业、思想的交汇处、碰撞中，而不是局限于某一种知识或技能中。企业参与不同类型的外部技术交流活动，可以获得更丰富的经验，各式各样的合作者可以拓宽企业可利用的技术资源和知识基础。企业的创新对外来研发资源，如客户、供应商、大学、协会、联盟等，正形成越来越大的依赖。通过建立合作网络，发展企业与合作者之间更多元的关系，可以将现有的研发合作关系扩展到上游、下游以及不同的知识技术组织。

在技术发展迅速、知识来源分布广泛的时代，创新的裂变需要多种知识、专业、思想、经验的相互碰撞和催化。任何一家企业都不可能在所有领域保持全球领先，或者具有重大创新所需的全部技能。最广泛、最快、最深入地建立起合作网络，成为企业创新竞争的关键。拥有更宽、更广的合作网络可以让企业获得丰富的经验、不同的能力以及更多的机会。在研发过程中，协调和整合各类专业化知识，积累的创新优势将会相当可观。

这需要企业从一个变化缓慢、内部导向、封闭和垂直整合的企业，变成在每一项技术和每一项业务都能发现、建立、利用各种合作关系的佼佼者。成为一个变化迅速、没有地域限制、重视全球知识创新能力、网罗各种知识思想的开放式企业,是创新领导企业的重要特征。这需要摒弃非我发明不用的狭隘思维,随时随地建立多方合作关系,甚至与竞争对手合作。对企业的战略和组织结构进行重新设计,以便能对接间接或直接控制的组织,如客户、供应商、竞争对手、高校、论坛、技术协会组织等。只有通过合作创新,才能把饼做得更大,分得更多。

合作创新的经典案例是英特尔与微软的联合创新。英特尔与微软长达 40 年的合作,影响并产生了一个巨大的全球性产业——PC 产业。微软提供操作系统,英特尔提供芯片。在操作系统之上的应用软件向全球所有软件公司开放,芯片之外的整机和其他部品的研发、制造,向全球所有硬件企业开放。通过面向全球的开放,发展合作网络的方式,英特尔与微软撬动全球上百万家企业投入 PC 产业链。这样一个全新的 PC 行业的出现,其影响力直到今天依旧存在;影响近百万家企业长达 40 年,至今仍然生机勃勃。在引领开放式合作网络的发展过程中,英特尔与微软因为共同做大蛋糕,携手超越竞争对手成为芯片和软件领域的全球第一。

很多企业从落后走向领先,都经历过大力发展合作伙伴,甚至与竞争对手合作,因为这能给企业带来理念与组织上的巨大改变。20 世纪 90 年代初的 IBM,财务状况恶化、客户满意度低、产品不再具有竞争力,行动迟缓使其失去了捕捉创新机会的能力。在郭士纳的主导下,IBM 开展了以客户为中心的创新合作网络,这不仅包括与客户建立合作关系,还以客户满意度为目标提供解决方案,推荐产品时也包括竞争对手的产品。IBM 不仅为自己公司接订单,同时开放订单并分享给竞争对手。因此，IBM在每个应用软件和业务细分领域，都能整合业界最具优势的产品资源向客户提供最优的整合服务。IBM与包括微软等竞争对手在内的合作伙伴，签订了数百项技术合作协议。在创建合作网络的过程中，IBM主动退出早已丧失优势或陷入红海的产品领域（如应用类软件），聚焦发展具有未来战略意义的核心技术（如软件中间件），使其具备为客户提供最佳解决方案的核心优势。打造合作创新网络的战略提升了IBM的客户满意度和服务价值。1992年，服务业务在IBM是一个价值74亿美元的业务领域，在2001年，其价值上升为300亿美元。同时，IBM通过技术许可、专利授权、知识产权转让，将没有能力产品化的技术面向合作伙伴开放。IBM的知识产权收入，从1994年的5亿美元上升到2001年的15亿美元。

英特尔开放式研发创新由四项构成，即大学研究赞助、大学周边的开放式合作研究实验室、公司内部研究项目以及公司收购。英特尔的探索性研究首先始于洞察环境和有潜力的研究领域，找出可能的研究项目，再通过赞助、实验室研发等几种方式进行早期孵化。能看清成果时再做出是否将这项产品、技术进行商业化的决策。英特尔通过赞助全球500多所大学，来布局其开放式合作实验室。开放式合作实验室既有英特尔的研究人员，也有来自大学的研究员。开放式的研发环境，有利于碰撞出新的火花。这有助于英特尔公司从中快速学习，以获得大量的新想法并获得知识产权。此外，开放式合作实验室中一半的研究员都是学生，这样可保持用年轻人的眼光，面向未来进行创新。英特尔自诞生以来就非常重视开源技术的开发和应用，一直是众多开源社区、开源项目、开源软件的重要支持者。英特尔是最著名的开源软件Linux基金会的白金会员，也是国际云计算权威组织OpenStack的白金会员，同时还是Apache基金会、GNOME 基金会、Eclipse 基金会以及开放数据中心联盟、开放结构联盟、开放虚拟化联盟等开源组织的重要成员，此外，它还是 Linux、Chromium OS、OpenStack 等众多开源项目的核心贡献者之一。通过开放式创新，英特尔在全世界获得专利 5000 多项，所产生的技术优势帮助英特尔平稳度过了各种逆境及产业动荡。英特尔成为过去 30 年间给股东创造价值超同行十多倍的常青树企业。这说明开放式创新有助于企业保持长期的创新能力。

除了 IT 行业，其他行业也有优秀的合作创新案例，比如乐高。

乐高众包创意平台（LEGO Ideas）于 2008 年推出，用户可以方便地注册成为业余设计师，在网站上提交方案（图片或说明），由"粉丝"对业余设计师的新套件创意进行投票。任何获得 10 000 张选票的创意都会进入审核阶段，然后乐高决定哪些可以进入生产阶段。该流程已创作出十几个可用的乐高套件，包括由女性科学家组成的模型实验室和大爆炸理论公寓。乐高还推出外部合作实验室，如麻省理工学院媒体实验室，通过联合开发，缩短开发时间。

乐高还建立了"乐高我设计"（Design by Me）的设计平台，利用群体智慧集结创作，用户可将自己的创意上传到该平台，然后用户投票，胜出的概念设计可进入乐高的新产品开发中。之后由研发人员继续产品开发，最后进行商品化销售。配合开放式创新的政策与知识产权保护，可以让每个人都有可能成为产品设计师。乐高运用开放式的用户共创平台，将开发周期从原来的 24 个月降至 9 个月，同时大大提升了客户满意度。乐高的开放创新平台还设有利润共享模式、知识产权保护等配套措施。乐高通过汇聚广大爱好者共同创新，提高了创新速度和成功率。

中国企业也有合作创新的优秀案例，比如华为。

华为用 30 年的时间超过了曾比其强大千倍的竞争对手，一个重要的原因就是采取了开放合作的态度。"华为创新研究计划"（HIRP）为全世界的高校与科研机构建立了一个技术合作与交流的场所。HIRP 旨在广泛吸收高校与科研机构的优秀思想，共同实现重大技术创新突破。自 2010 年在欧洲启动以来，通过长期开展"呼唤提议"（Call for Proposal，CFP）合作模式，HIRP 已覆盖 30 多个国家，全球 Top 100 高校，100 多位 IEEE 会员、ACM Fellow 及国家院士，50 多个国家重点实验室。

从 2014 年开始，HIRP 通过华为官网向全球发布，其涵盖项目分为 Exploratory、Open、Flagship 三类。Exploratory 类项目，通过技术峰会、论坛进行创新思想交流，或者华为财务支持学者进行"无人区"、学术前沿的基础理论创新的探索研究。Open 类项目，覆盖华为感兴趣的技术领域和方向，面向全球学者公开征集创新研究的思路。具体的运作方式公开在华为官网上，全球的大学和研究机构都可以申请。Flagship 类项目，面向华为研究与创新中的重大技术难题，通过邀请在这个领域领先的学者，共同实现研究突破。2014 年以来，HIRP 资助的项目已达到 1200 个，已经有大量技术突破，并成功商用。例如，与慕尼黑工业大学合作的手机噪声处理技术，已经应用于华为手机。在合作项目中，华为与合作伙伴共享知识产权，为此华为赢得了广大合作伙伴的尊重。

创新往往发生在各种知识、专业、思想的交汇处、碰撞中，而不是局限于某一种知识或技能中。企业参与更多不同类型的技术交流活动，可以获得更丰富的经验。创新的裂变需要多种知识、专业、思想、经验的相互碰撞和催化。通过面向全球的开放，发展合作网络的方式，英特尔与微软撬动了全球上百万家企业投入 PC 产业链。为整合业界最具优势的产品资源向客户提供最优的整合服务，IBM 与包括竞争对手在内的合作伙伴，签订数百项技术合作协议。英特尔成为过去 30 年间给股东创造价值超同行十多倍的常青树企业。这说明开放式创新有助于企业保持长期的创新能力。乐高运用开放式的用户共创平台，将开发周期从原来的 24 个月降至 9 个月。华为用 30 年的时间超过了曾比其强大千倍的竞争对手，一个重要的原因就是采取了开放合作的态度。

三、用户推荐值倒逼企业技术革新

现在谈"客户满意度"这个词已经落伍。当年诺基亚手机从二楼掉下来仍可继续通话，诺基亚手机经久耐用，人们对它谈不上什么不满意之处。但是，当对上百种软硬件功能进行了升级、从内到外充满了时尚感的苹果手机 iPhone 4 出现时，消费者纷纷到苹果零售店通宵排队。很多手机用户放下使用多年的诺基亚手机，开始沉迷于 iPhone 4。不过，两三年后，曾经轰动一时的 iPhone 4 也成为沉睡在用户抽屉里的过时产品。谈不上对 iPhone 4 不满意，用户只是又被更新、更时尚的产品吸引了。

用户净推荐值（net promoter score，NPS）已悄然成为衡量一款产品是否真正获得用户认可的重要标准。如果用户愿意热情地推荐，才证明他对该产品或技术全面认可。NPS 指标侧重于用户对公司、产品或服务的整体感受。将NPS作为研发与创新的重要输入，这有助于技术团队对用户的兴趣变化时刻保持高敏感度，避免对迅速变化的外部环境变得麻木。

用户趋势具有稍纵即逝的不确定性，谁也无法准确地预知流行，但是必须尊重趋势。例如，曾是大学生推荐的热门应用Facebook，早已不再是美国大学生用户推荐的社交网络榜第一名。但是，Facebook通过持续收购年轻用户中NPS高于Facebook的潜在颠覆者，而时刻保持对创新的高敏感度。例如，Facebook以数十亿美元的大价钱收购只有10人左右的初创公司，如图片分享应用软件Instagram、即时通讯软件WhatsApp、虚拟现实公司Oculus。

通过对不断变化的NPS的关注，可以捕捉到正在发展的开拓性或颠覆性技术，寻找到更多的未知创新，驱动企业的创新焦点，推动用户对产品的认可程度。以外部NPS为导向收集信息，能够获得市场上比较客观的信息。通过构建强有力的反馈机制，去掉层层信息传递带来的误传，使用户社区成为研发组织模型的一部分，将用户纳入其研发与创新的流程。这些有助于让用户成为创新构思的主要来源。有助于企业围绕用户趋势的变化、用户需求的变化，重新分配研发资源。

优秀的企业在内部都设有专门的团队，系统性地管理NPS，时时收集客户反馈，甚至有的企业家常亲自带领技术高管、研发经理、工程师走访客户，倾听客户的声音，或者亲自在零售店站台，或者亲自在用户论坛回应用户的抱怨。有些企业甚至对技术人员（如技术高管、研发经理、工程师等）走访客户、陪同客户的行动提出硬性指标要求，例如每周应至少陪同客户一次。提升NPS的举措包括定期收集用户反馈并形成洞察策略报告；围绕新的用户趋势，启动有针对性的路线规划和技术规划。

在研发与创新过程中采用用户画像的方法，有助于帮助企业深度了解用户。企业借助 NPS 可了解用户的需求变化，保持研发与创新目标方向的正确。为实现 NPS，可以在研发过程中邀请用户高频次参与，让用户参与到创意策划、产品创新的全生命周期中。研发团队要时刻保持与用户的互动，企业中负责技术研发的中高层管理者、专家、工程师也要直接参与到与用户的互动中去，以实现创新的不断优化和迭代。在产品研发过程中，建立围绕 NPS 的设计和测试指标。研发与创新不仅要达到性能和功能指标，还要以 NPS 作为评价创新成败的指标。达到高 NPS 的要求后，研发与创新工作再继续向下进行。

亚马逊、谷歌等企业都将 NPS 引入研发过程，向部分用户介绍产品的设想和原型，发布一些试验性功能。它们通过监测用户的使用情况、用户测试中的反馈来修订研发与创新目标及优先级排序。这些企业纷纷转变思路，将研发与创新视为服务客户的方式，在研发与创新目标设定与实现过程中处处体现对客户的尊重，而不是将客户仅仅视为销售目标。

在研发与创新的过程中，需要专门团队对 NPS 反映的外部变化进行跟踪和分析。变化主要会影响什么？什么会加强该变化？该变化是否会创造新的机会？目前的竞争状况如何？外部的关键技术发展如何？是否具有触发技术革新的条件？通过分析变化带来的新技术应用场景的改变，对产品规划、技术规划及研发过程进行及时调整，同时严格定义实现规划的时间框架。

在以上过程中，采取组建跨部门团队的方式测试更多变化，可以获得更多的信息，从而有更多的选择。用户测试中要充分利用变化的信号，重点关注最有增长潜力、最有威胁、存在盲点的领域。创造一系列新试验主动进行客户变化的测试，主动捕捉变化，主动引进新变化，探索新的技术革新。

例如，关于智能手机的用户推荐，电话效果不再成为推荐的原因。很多人可能一天都没有用手机通过一次话。但是，他可能会用手机上的文字或表情交谈，用手机预订出租车、移动办公。他会接收同事通知到他手机的信息，会不断地向朋友圈转发新闻，这些是他的推荐。这个案例表明，以NPS、用户使用情境来评估研发与创新，视角会全然不同。

如果研发团队只是按部就班地工作、岁月静好，那很可能公司已出现问题，即已经走向僵化或"迟钝"状态。紧紧围绕NPS，以跨部门团队方式测试一系列可能性，有助于改变组织的"迟钝"。快速试验、快速失败、快速调整，这样企业才不容易失去大的技术革新机会，才能更快地适应客户的新变化。关注当下发生的事并做出快速反应，及时更新和调整规划。审时度势地对创新的目标和创新的模式进行检视和调整，围绕NPS的反馈设立成本目标、时间目标，进行快速决策。在一个瞬息万变、稍纵即逝的时代，围绕NPS进行研发与创新，将有助于企业更快地适用多变的环境和多变的客户口味。

NPS已悄然成为衡量一款产品是否真正获得用户认可的重要标准。优秀的企业在公司内部都设有专职的团队，系统性地管理NPS，时时收集客户反馈。提升NPS的举措包括定期收集用户反馈并形成洞察策略报告，在研发过程中邀请用户高频次参与，让用户参与到创意策划、产品创新的全生命周期中。研发团队应时刻保持与用户的互动。

四、开源模式可以让"蚂蚁"与"大象"携手创新

20世纪80年代，自由软件运动拉开序幕，开源软件的积极发展催生了应用程序的一个"黄金时代"。开源软件是一种源代码可以任意获取的计算机软件，这种软件的版权持有人在软件协议的规定之下保留一部分权利并允许用户学习、修改、增进提高这款软件的质量。在"开源社区"平台公开后，所有人均可以免费获取并加以修改，并在此基础上构建自己的新产品与新功能。

本来计算机软件是开源和免费的，但是因1976年2月3日比尔·盖茨发表著名的《致电脑业余爱好者的一封公开信》（*Open Letter to Hobbyists*），提出软件"版权"（copy right）的概念，正式宣告进入商业软件时代，随后商业软件领域崛起多个"巨无霸型"科技企业。1999年，一份称为"备忘录"的文件从微软内部流出，称开源软件Linux对Windows已构成威胁，是微软的劲敌，甚至称开源软件Linux为"癌症"。开源软件曾一直受到商业软件的强力压制。但是，开源软件"野火烧不尽，春风吹又生"，其蓬勃发展和欣欣向荣，证明了开源才是互联网和软件行业的主力。微软在看清了本质后，迅速做出调整。2009年，微软向开源软件Linux贡献2万行设备驱动代码；2011年，微软甚至一度跻身开源软件Linux 3.0五大公司贡献者之列；2014年，重塑微软的程序员出身的新CEO纳德拉推出"微软爱开源软件Linux"；2016年，微软

推出兼容开源软件 Linux 的 SQL 服务器数据库软件；2017 年，微软成为开源社区 GitHub 上贡献代码最多的公司；2018 年 6 月，微软以 75 亿美元收购了开源社区 GitHub。

个人写代码如同"工人搬砖"，产生的 bug 自身很难处理，同时还要面对层出不穷的新需求。如果一个人专门检查代码 bug，他也可能需要好几天的时间，而且可能还有纰漏；如果一群开发者和测试者来查 bug，那么代码排错与演化的效率将得到惊人的提升。个人和企业都耗不起时间独立原创每一行代码，企业需要以最快的速度完成软件产品。这些就是开源社区逐渐走红的原因，多数功能在 GitHub 等开源社区上都有很好的解决方案，程序员直接以开源方案为基础来构建软件产品，这样开发出的软件 bug 更少、稳定性更高、完成时间更快。

开源代码可集合全球程序员的智慧与时间，规模化地产出。开源社区通过创建一个开放、有改进能力的软件生态环境，可以驱动成百上千的人才去反馈；开源软件生态环境可以提供设计空间，帮助开发者拓展、代码贡献、bug 定位以及改进。这样可以让普通的开发者及互联网公司拥有更快的反应速度与更稳定的产品推出能力。"协同构建软件让其更好"（Built software better, together），这是 GitHub 开源社区的口号。

在开源机制下，个体的程序员和小企业可以与巨型的软件公司一样，拥有公平的机会使用、贡献开源代码，提高开源代码的使用率。这样可以缩小使用新技术的差距，促使开源代码得以迅速扩展。以开源代码 Linux 为内核的安卓操作系统，得益于此而获得快速发展。安迪·鲁宾创业做安卓项目时，因为采取在开源 Linux 上构建功能，从而得以迅速把手机操作系统的应用框架做了出来。他采取这一决定，是因为开源代码 Linux 是成熟的、开源的，为团队所熟悉。而开源代码 Linux 经过较长时间的实践检验，其稳定性和其他性能都得到了公认。此外，开源代码 Linux 支持不同类型的架构，包括台式电脑/笔记本电脑/服务器系统中广泛采用的 ×86 架构。安卓操作系统是建立在开源代码 Linux 基础之上的，因此得以很快支持 ×86 架构，以及智能手机中的 ARM 内核的芯片平台，这使得早已掌握在 ×86 架构下开发的硬件厂商（如摩托罗拉、三星、宏达等），很快也可以对安卓系统具备技术能力。谷歌收购安卓操作系统后，又在 Linux 内核基础上添加一些功能，如警报驱动程序、内核调试器、记录器、电源管理、共享内存驱动程序等，这些使安卓得以承接开源 Linux 的安全、运算速度快、易于开发等优点，使其相比塞班等操作系统具有很强的开放性和易扩展等优势。当谷歌将基于 Linux 开源代码开发的安卓操作系统公开之后，得到几乎所有手机厂家的支持。创业企业和小型开发团队通过源代码分享的方式，可以低成本地迅速推出基于安卓操作系统的应用产品，节省大量时间和资金。

2007 年 11 月 5 日，谷歌正式向外界展示了安卓操作系统，并建立了一个全球性联盟组织。该组织由 34 家手机制造商、软件开发商、电信运营商以及芯片制造商共同组成，并与 84 家硬件制造商、软件开发商及电信营运商组成开放手机联盟（Open Handset Alliance），以共同研发和改良安卓操作系统。这一联盟支持谷歌发布的安卓操作系统以及应用软件，谷歌以 Apache 免费开源许可证的授权方式，发布了安卓的源代码。截至 2012 年 1 月 6 日，仅 4 年的时间，谷歌安卓应用市场就已有 10 万名开发者推出超过 40 万个活跃应用程序，大多数应用程序为免费。中国手机厂家华为、小米、OPPO、VIVO 在安卓每年迭代一次大版本升级后，通过对安卓原生系统进行二次开发，生成 EMUI、MIUI、Flyme、氢 OS、Smartisan OS 等极具特色的应用系统。

安卓的开放性，使移动终端厂商一旦加入安卓联盟，就可以拥有众多的开发者。用户和应用程序的日益丰富，推动安卓这个崭新的平台很快走向成熟，丰富的软件资源、开放的平台、门槛的降低，使厂家蜂拥而至。竞争令消费者可以在低价位享受到丰富的应用服务，而消费者的增多又进一步推动了安卓平台的发展。谷歌表面上不收费，但获益于内嵌于安卓的谷歌地图、谷歌应用商店、谷歌收购的 YouTube 视频应用等。2019 年，基于安卓操作系统的手机在智能手机中占近九成，谷歌的用户量和收益因安卓的迅速普及而迅速扩大。其实苹果公司的 Mac OS X 的内核代码，也来源于开源软件 BSD，苹果在其基础上做了有针对性的修改。

Apache 开源技术则是近十年改变全球 IT 产业的重要力量，Apache HTTP 服务器项目致力于操作系统的开发和维护，其中包括著名的操作系统 Unix 和 Windows NT。自 1996 年以来，Apache 一直是互联网上最流行的 Web 服务器。

谷歌、亚马逊、Facebook 等互联网巨头，都大量采用免费的 FreeBSD、Linux、Apache Web Server 等开源软件搭建自己的系统，在开源软件的"哺育"下崛起。开源软件帮助它们降低开发成本并迅速提升技术水平。谷歌整个公司都构建在开源软件基础上，其软件基础设施及产品中都使用开源软件，仅一个谷歌 Chrome 浏览器就使用了 100 多个开源软件。开源软件已经成为互联网企业背后的支撑力量，它改变了世界软件开发的模式。最有价值的开源项目有 OpenStack、Apache、Docker、Drupal、LibreOffice 和 Linux 等。

开源软件具有开放、共享、自由等特性,这是很多企业和开发者选择它的主要原因。开源软件的优势在于避免重复造轮子,对于企业来说好处是多重的。例如,有现成的工具可用,避免重新开发,代码质量更高也更安全;安全漏洞的发现和修复能够更加及时;企业可以摆脱软件厂商的束缚,根据需求定制开发,开发自由度较高。

谷歌 Chrome 浏览器的核心技术是 Chromium 内核,谷歌不仅采用了开源代码,而且也将 Chromium 内核开源,采取 BSD 许可证等多重自由版权发行。这使得 Chromium 内核被众多中国浏览器厂家采用。因其性能强、标准支持好、对用户隐私敏感等优势,中国主流的 360 浏览器、QQ 浏览器、UC 浏览器、搜狗浏览器都是基于谷歌开源的 Chromium 内核所生成的。

1993 年,红帽公司(Red Hat)成立。它的使命是"为企业客户提供基于开源技术的解决方案,免费提供软件",其定位为一家开源解决方案供应商。红帽通过为开源社区贡献力量获得了巨大的影响力,它提取开源社区上游技术产品,对其进行测试并整合打包,最终将一套高质量、完整的解决方案卖给企业用户,红帽收取支持服务费用,而软件则基本上免费提供。2016 年,红帽是开源代码 Linux 内核项目的第二大贡献者,仅次于英特尔。IBM 也一直是 Linux 相关项目的坚定支持者。2008 年,IBM 投入 600 名开发人员,参与 100 多个 Linux 项目,如 Xen、Linux 工具链、Apache、Eclipse 和 Linux 内核项目。IBM 所有服务器都支持 Linux,超过 500 种 IBM 软件产品在 Linux 上运行。2019 年 7 月 9 日,

IBM 斥资 340 亿美元全资收购了 Linux 开源软件公司红帽,这是 IBM 历史上最大的一笔收购交易。

还有一个为开源代码做出贡献的案例是 GitHub。

2008 年,克里斯·万斯特拉斯已从辛辛那提大学英语专业辍学了三年,也就在这一年,他终于打造出能提供优秀协作服务的代码托管平台 GitHub。GitHub 创建了一个协作社区,让个人或团体能够协作发展;提供友好和安全的开源代码托管服务,方便成千上万的程序员协作修改和创作。GitHub 是一家以开发者为先的公司,帮助开发者更轻松地工作:协作开发、解决难题、开发全球重要的技术。GitHub 很快发展成为"全球最大的程序员交友平台",每年发布的 Octoverse 年度报告已成为呈现这一年度热门开发项目、顶级编程语言等趋势的权威榜单。2020 年发布的报告显示,数据科学、深度学习、自然语言处理、机器学习等主题的存储库正变得愈发流行。

截至 2018 年 6 月,GitHub 开源社区上聚集约 2800 万名开发者学习、共享和协作,共创新技术,并拥有高达 8500 万个代码项目库。数据显示,2018 近 70% 的全球财富 50 强公司不仅使用 GitHub,还贡献了开源代码,其中包括微软、苹果、谷歌、亚马逊等科技巨头。[一]AI 这一新领域已成为科技巨头推出开源软件的新竞技场。

2019 年 11 月 7 日,GitHub 发布年度报告,在贡献者最多的前 10 个开源项目中,谷歌 AI 框架 TensorFlow 排名第五。TensorFlow 在谷歌的推动下,借助英特尔、NVIDIA 等硬件平台,向全球开发者免费提供 AI 库和工具,成为最受开发者欢迎的平台之一。2018 年,4.6 万个 AI 项目依赖于谷歌 AI 框架 TensorFlow,贡献人数从 2238 位直接贡献者增长到

[一] 出自 GitHub 2019 年度报告。

25 166 位社会贡献者。开发人数、贡献人数、受欢迎程度（star 数）、谷歌搜索量都在所有开源 AI 框架之上。综合职位搜索、KDnuggets 使用调查、GitHub 活跃度、谷歌搜索量、ArXiv 文章、亚马逊书籍、Medium 文章等指标的评判，TensorFlow 遥遥领先。

在 AI 开源代码居领先的还有微软、Facebook、亚马逊三家互联网企业。微软的开源机器学习工具包 DMTK，是通过 Apache 软件基金会免费向外界程序员提供 System ML AI 工具的源代码。微软在 2017 年开源其内部深度学习框架 CNTK 的 2.0 版本，重命名为"微软认知工具包"（Microsoft Cogntive Toolkit）。而早在 2015 年 1 月，Facebook AI 研究院就推出一组基于 Torch 机器学习框架的开源深度学习工具。2017 年 1 月，Facebook 推出机器学习框架 PyTorch。该框架在视觉、语言、通用机器学习等论文流行度上成为 2019 年 AI 学术界最受重视的系统框架。2015 年 4 月，亚马逊推出机器学习托管服务 Amazon Machine Learning，允许任何开发者轻松使用历史数据开发并部署预测模型。亚马逊 2019 年 1 月开源其机器学习服务平台 SageMaker Neo。为对抗谷歌，微软、Facebook、亚马逊于 2017 年 9 月发起深度学习开源联盟 ONNX，旨在提高各种 AI 工具间的通用性。阿里、腾讯、百度、华为、小米等国内科技公司以及英特尔、NVIDIA、高通、AMD、ARM、IBM、惠普等芯片及服务器巨头纷纷加入其中。

根据 2019 年的 GitHub 年度报告，中国在开放源代码的使用量上遥遥领先，开发者 fork 和 clone 的项目比 2018 年多了 48%（fork 指在 GitHub 页面，点击 fork 按钮，将别人的代码仓库复制一份到自己的仓库；clone 指将 GitHub 中的代码仓库克隆到自己的本地电脑中）。其中阿里在 GitHub 上主体账号的总项目数是国内企业中最多的，在人工智能和大数据领域，阿里已经贡献超过 100 万行的开源代码，深度参与超过 10 个开源项目。阿里还携手 Facebook，将 Facebook 的机器学习框架 PyTorch 项目文献、教程等推出中文版本，推动了中国人工智能技术的发展。

据统计，2019 年中国人工智能企业数量达到 745 家，仅次于排名第一的美国。其中，2018 年发生融资事件的企业有 577 家，融资总额达 3832.22 亿元，排名全球第一。如今，加入开源社区不仅推动了中国企业在智能手机领域的快速发展，也使中国企业得以在人工智能上领先全球。

开源这一重要的研发与创新模式，不仅发生在互联网软件领域，也发生在硬件产品领域。发明专利也开源！2014 年 6 月 12 日，马斯克在特斯拉网站上宣布将免费开放特斯拉所有专利，将不会对那些善意使用特斯拉技术的人提起专利诉讼。因为特斯拉认为其使命是加速可持续的清洁交通，用知识产权来阻碍他人不利于电动车的普及。所以，特斯拉将不会对那些善意使用其技术的人提起专利诉讼。由于特斯拉技术专利已完全开放，中国企业可以免费使用特斯拉技术。

特斯拉真正的竞争对手并非来自其他品牌的电动车，而是全世界的汽车工厂中每天大规模生产出来的燃油车。有人称特斯拉公司此举是在向大科学家"特斯拉"（即交流电的发明人美国科学家尼古拉·特斯拉）致敬。科学家特斯拉在晚年时做出放弃交流电专利的决定，相当于放弃了成为世界首富。为纪念特斯拉在电磁学上的贡献，物理上的磁力线密度单位（1 特斯拉 = 10 000 高斯）被命名为"特斯拉"。

借鉴互联网行业的代码开源，有助于特斯拉公司争取中国、欧洲政策的支持，成为当地电动车发展的事实标准，用开源模式抵御日系车企、通用汽车、福特等老牌车企创立的标准。特斯拉的开源技术对中国政府和企业都有巨大的吸引力，因为中国新能源汽车起步较晚。对于市场份额已占到美国市场头部的特斯拉，当务之急是解决产能、电池续航里程、安全性，把产业链做大，更多的供应商和合作方加入，可以降低获得技术的成本和风险。特斯拉开放电池管理技术、充电技术、新型电池技术，可以让其收获更多的供应商，从而群策群力地解决技术难题，推动综合成本降低。

开源这一重要的研发与创新模式，不仅仅发生在系统级的软件和硬件项目上，芯片技术的开源已成为重要趋势！ARM 架构被称作高级精简指令集机器，是一种精简指令集（RISC）处理器架构，被广泛用在许多嵌入式系统的芯片设计中。因其具备节能的特点，在各个领域都有广泛应用。低成本、高性能、低耗电的 ARM 处理器非常适合于移动通信；超级计算机消耗大量电能，ARM 处理器也是高效的选择。ARM 公司本身并不是靠自有的设计来制造或出售 CPU，而是将其处理器架构授权给有兴趣的厂家，为此，ARM 公司提供多样的授权条款，包括售价与散播性等项目。对于被授权方来说，ARM 公司提供 ARM 内核的集成硬件叙述，包含完整的软件开发工具（编译器、debugger、SDK），以及针对内含 ARM CPU 硅芯片的销售权。企业获得生产许可的知识产权 IP Core 技术认证后，就可将 ARM 内核集成到企业研发的芯片设计中。ARM 公司会发布所选的 ARM 内核的闸极电路图，以及抽象模拟模型和测试程序，协助企业设计集成和验证。虽然 ARM 并不授权企业再次出售 ARM 架构本身，但企业可以自由地出售集成 ARM 内核的产品，如芯片组件、评估板、完整系统等。

通常 ARM 公司根据使用价值来决定其知识产权 IP Core 的售价，例如，可能对某个企业收取一次性 20 万美元的授权费，授权其芯片产品包含一个基本的 ARM 内核。如果牵涉对大量架构进行修改，则 ARM 公司收取的费用可能超过千万美元。但是对企业而言，这些比起数亿美元甚至数十亿美元的芯片研发费要便宜得多，所以大多企业欢迎 ARM 公司。大量本不具备 CPU 芯片设计能力的企业涌入智能手机的芯片设计领域，都是得益于 ARM 公司的支持。多数半导体企业都持有 ARM 公司的授权，如 Atmel、Broadcom、Cirrus Logic、Freescale、富士通、英特尔、IBM、NVIDIA、新唐科技、英飞凌、任天堂、恩智浦半导体、OKI 电气工业、三星电子、Sharp、STMicroelectronics、德州仪器、VLSI、AMD 等，这些企业均拥有多种不同形式的 ARM 授权。ARM 公司通过开源芯片内核这种全新的商业模式，打破了英特尔在 CPU 芯片领域长达 30 多年的垄断，推动了智能手机、平板电脑等移动终端产业的发展。

2019 年 10 月，ARM 公司开源 mbed OS，即（物联网）芯片操作系统的原始代码，让半导体企业拥有更大的自主权，使它们能直接影响这套系统未来的发展。这一举措旨在强化 ARM 公司打造新平台的能力，借助众多企业的力量，在物联网时代，在激烈竞争市场环境中构建强大的 ARM 物联网生态。ARM 公司推出新的开放机制，包括每个月召开一次产品工作群会议，在工作群会议中，ARM 公司与半导体设计企业成员将投票决定哪些新能力会优先加入 mbed OS，而所有成员均免费加入。

如今，每年全球市场销售超过数亿部智能手机，其中约 98% 的智能手机芯片至少使用一个 ARM 处理器，ARM 处理器被广泛用在消费性电子产品中，包括平板电脑、手机、数字媒体和音乐播放器、手持式游戏游戏机、计算器和计算机外围设备（如硬盘驱动器和路由器）。例如，微软与 ARM 公司合作的 Surface 系列平板电脑，AMD 芯片公司基于 ARM 核心的 64 位服务器芯片。ARM 公司成立 30 年来，联合全球 1000 多个芯片设计企业，基于 ARM 架构的芯片出货量已经超过 1500 亿枚。

无论是在互联网领域，还是智能手机、AI、芯片、5G、物联网、新能源汽车等领域，开源都成为研发与创新的重要来源。扶持开源，扶持全球成千上万个程序员或创业企业，共同创新、成长，推动行业的发展，主动培养竞争对手向自身的惰性和大公司病（骄傲自满、故步自封、一切唯上、懈怠、腐败）开刀，这些已成为卓越的科技企业不得不共同采取的模式，成为保持行业活力和创新的主要路径。

开源代码可实现集合全球程序员的智慧与时间，规模化产出。在开源机制下，个体的程序员和小企业可以与巨型的软件公司一样，拥有公平的机会使用、贡献开源代码，提高开源代码的使用率。这样可以缩小使用新技术的差距，促使开源代码得以迅速地扩展。近 70% 的全球财富 50 强公司均使用 GitHub 开源的管理平台，为开源代码做出了贡献。而 AI 这一新领域，已成为科技巨头推出开源软件的新竞技场。由于特斯拉技术专利已完全开放，中国企业可以免费使用特斯拉技术。大量本不具备 CPU 芯片设计能力的企业涌入智能手机的芯片设计领域，都是得益于 ARM 公司的支持。谷歌、特斯拉、ARM 的开源核心技术策略推动了行业的快速发展，做大行业蛋糕的同时也使自己立于产业链中的核心优势地位，实现了双赢。

RESEARCH
AND
INNOVATION

小结

如今，市场的竞争是多层面、全维度的，速战速成只是幻想。企业间的竞争不在于单一"爆款"，而在于持续创新的能力。中国企业创新的失败率高达90%，企业浪费了大量资源在无效的伪创新上。创新多发生在各种知识、专业、思想的交汇处、碰撞中，而不是局限于某一种知识和技能。

通过对不断变化的NPS的关注，可以捕捉到正在发展的开拓性或颠覆性技术，从而找到更多的未知创新。开源代码可实现集全球程序员的智慧与时间，规模化地产出。创建一个开放、有改进能力的软件生态环境，可以驱动成百上千的人才去反馈；开源软件生态环境可以提供设计空间拓展、帮助开发者拓展、代码贡献、bug定位以及改进。这样可以让普通的开发者以及互联网公司拥有更快的反应速度与更稳定的产品推出能力。

致　　谢

首先感谢我的先生，他一直在默默地支持我、陪伴我。他也是我所有书稿和文章的第一位读者，给予过我不少肯定和很好的建议。

特别致敬我已安睡的母亲，她年近八十岁，仍然每天都在阅读学习和工作。母亲践行"医者仁心"近六十年，其高尚的品格、敬业的精神、对他人无私的关爱感染了每一位患者和同事。"不断学习与服务他人"是她作为知识工作者的坚持，这一直深深地影响着我。

感谢互联网软件产品经理王玲玲、年轻的翻译朋友王文谦对本书初稿的肯定，以及提出的心得和建议；感谢2008年"5·12"汶川地震时毅然从美国辞职回四川做志愿者的喻涛老师对初稿的一些宝贵建议；感谢博学多才的任继恩老师，对我启发和帮助很大的芬华老师、雨林老师、晓勤老师，他们无私义务地帮助了中国众多抑郁人群。感谢十多年来一直给予我信任和支持，由我组织的前华为人慈善捐助项目的几十位项目负责人和来自社会各界的数百位捐助者，以及合作机构成都耀天，每年都至少有好几位接受一对一捐助的大凉山贫困山区学生以优异的成绩考上了大学。

感谢马萨诸塞大学洛厄尔分校创业与创新副教授孙黎、波士顿马萨诸塞州大学管理学院终身教授Raymond、腾讯美国西雅图AI实验室负责人俞栋博士及夫人julie、惠顿学院的Min-Dong Paul Lee教授、堪萨斯大学的Tailan Chi终身教授及赵征教授，他们在美国企业的创新管理方面给予了我较多启示。感谢清华大学战略新兴产业研究中心的吴金希教授，他在产业创新理论上给予了我很多启示。

  感谢机械工业出版社的领导和编辑对我的长达十年的支持、信任和尊重，他们的专业与专注、严格的要求，都值得我学习。

张利华

zhanglihua96@163.com